L&PMPOCKETENCYCLOPAEDIA

Paris: uma história

Série **L&PM**POCKET**ENCYCLOPAEDIA**

Alexandre, o Grande – Pierre Briant
Budismo – Claude B. Levenson
Cabala – Roland Goetschel
Capitalismo – Claude Jessua
Cérebro – Michael O'Shea
China moderna – Rana Mitter
Cleópatra – Christian-Georges Schwentzel
A crise de 1929 – Bernard Gazier
Cruzadas – Cécile Morrisson
Dinossauros – David Norman
Economia: 100 palavras-chave – Jean-Paul Betbèze
Egito Antigo – Sophie Desplancques
Escrita chinesa – Viviane Alleton
Existencialismo – Jacques Colette
Geração Beat – Claudio Willer
Guerra da Secessão – Farid Ameur
Império Romano – Patrick Le Roux
Impressionismo – Dominique Lobstein
Islã – Paul Balta
Jesus – Charles Perrot
Kant – Roger Scruton
Lincoln – Allen C. Guelzo
Maquiavel – Quentin Skinner
Marxismo – Henri Lefebvre
Mitologia grega – Pierre Grimal
Nietzsche – Jean Granier
Paris: uma história – Yvan Combeau
Primeira Guerra Mundial – Michael Howard
Revolução Francesa – Frédéric Bluche, Stéphane Rials e Jean Tulard
Santos Dumont – Alcy Cheuiche
Sigmund Freud – Edson Sousa e Paulo Endo
Tragédias gregas – Pascal Thiercy
Vinho – Jean-François Gautier

Yvan Combeau

Paris: uma história

Tradução de William Lagos

www.lpm.com.br

Coleção **L&PM** POCKET, vol. 845

Yvan Combeau é professor universitário de História Contemporânea.

Texto de acordo com a nova ortografia.
Título original: *Histoire de Paris*

Primeira edição na Coleção **L&PM** POCKET: fevereiro de 2010
Esta reimpressão: maio de 2011

Tradução: William Lagos
Capa: Ivan Pinheiro Machado. *Foto*: Ivan Pinheiro Machado.
Preparação de original: Lia Cremonese
Revisão: Patrícia Yurgel

CIP-Brasil. Catalogação-na-Fonte
Sindicato Nacional dos Editores de Livros, RJ

C723p

Combeau, Yvan
  Paris: uma história / Yvan Combeau; tradução William Lagos. – Porto Alegre, RS: L&PM, 2011.
  144p. : il. – (Coleção L&PM POCKET, v.845)

  Tradução de: *Histoire de Paris*
  Inclui bibliografia
  ISBN 978-85-254-1968-2

  1. Paris (França) - História. I. Título. II. Série.

09-6174.   CDD: 944.361
                                  CDU: 94(443.61)

© Presses Universitaires de France, *Histoire de Paris*

Todos os direitos desta edição reservados a L&PM Editores
Rua Comendador Coruja 314, loja 9 – Floresta – 90220-180
Porto Alegre – RS – Brasil / Fone: 51.3225.5777 – Fax: 51.3221-5380

Pedidos & Depto. comercial: vendas@lpm.com.br
Fale conosco: info@lpm.com.br
www.lpm.com.br

Impresso no Brasil
Outono de 2011

Sumário

Introdução 7

Capítulo I
A gênese de uma cidade 9

Capítulo II
A cidade medieval 19

Capítulo III
A cidade moderna (séculos XVI a XVIII) 38

Capítulo IV
A grande cidade do século XIX 60

Capítulo V
Entre duas guerras (1914-1944) 92

Capítulo VI
O brilho de uma metrópole (1944-1999) 117

Conclusão 138

Bibliografia 139

Introdução

Paris, filha do Sena e do rei, segundo a expressão de Paul Valéry, é "a cidade mais completa que existe no mundo". Completa? Porque não se conhece qualquer outro lugar "em que a diversidade das profissões, das indústrias, das funções, dos produtos e das ideias seja tão rica e misturada como acontece aqui".

Nesse sentido, no decorrer desta obra, nossa principal ambição foi a de salientar as dimensões excepcionais e o lugar singular ocupado por Paris ao longo de mais de 21 séculos de história. Nossa diretriz foi fixada desde o início: descrever a construção desta capital política, econômica e cultural e ao mesmo tempo compreender a medida de sua proeminência na história da França. Dentro dos restritos limites estabelecidos para a presente obra, foi necessário fazer escolhas e adotar determinados ângulos de análise. De acordo com os períodos estudados, foram se impondo os temas que pareciam mais significativos: o crescimento da cidade, a organização de seu espaço ou as funções do poder, da capital e de seus habitantes na vida política francesa.

Ao escrevermos as páginas desta breve história de Paris, permaneceram sempre em nossa mente os versos do poeta Pierre Harel-Darc: "Que outra cidade se não for Paris? De que outra cidade no mundo se poderia dizer a mesma coisa?..."

Capítulo I
A gênese de uma cidade

1. Um local excepcional

Lembrar e compreender a história de Paris significa, primeiramente, reconhecer a posição determinante de um lugar em que se formou um núcleo habitacional entre os períodos Paleolítico e Neolítico. O elemento essencial desse local e de sua unidade é o rio de vários quilômetros de largura que constitui o Sena do período pré-histórico. Esse curso de água, em sua origem a 25 metros acima do nível do mar, se deslocou lentamente de seu leito cortado por entre as colinas do norte (Chaillot, Montmartre e Belleville) para seu traçado atual, no sentido leste-oeste, com seu pequeno afluente, o Bièvre. Por falar nisso, em 1910, as grandes inundações ocorridas no perímetro parisiense permitiram que o braço norte inicial do rio reaparecesse.

Paris teve o privilégio de nascer justamente em uma encruzilhada, no meio de uma convergência natural (Beaujeu-Garnier).[1] O Sena atravessava então diretamente o centro dessa bacia fluvial. Ao norte, da margem direita até Montmartre, se encontrava inicialmente uma grande área pantanosa (o Marais), cercada por um cinturão de colinas de 70 a 130 metros de altura, divididas por dois vales estreitos (as passagens de Monceau e de La Chapelle). Júlio César descreveu "um pântano contínuo" descendo em direção ao rio. O traçado da curva pré-histórica do leito do rio, descoberto pelas explorações hidrológicas modernas, revelou a existência de numerosas ilhas pequenas, em que se refugiavam as primeiras populações: a Île Louviers só se reuniu à margem direita em 1848; a Île aux Vaches e a Île Notre-Dame se ligaram às margens no século

---

[1]. Duas pequenas cidades próximas a Paris. Beaujeu é a cidade principal da região de Beaujolais, à margem do pequeno rio Ardière, e Garnier foi construída junto ao riacho de mesmo nome. (N.T.)

XVII; a Île de la Cité. Na margem esquerda, o monte de Sainte-Geneviève é o ponto mais elevado (65 metros).

O subsolo da bacia sedimentar apresenta grande riqueza: argila, calcário, areia e gesso. Todos esses materiais, juntamente com as imensas florestas que cercavam a cidade, serviram como matéria-prima para a construção inicial da cidade. Desde a época do Paleolítico inferior é possível falar de habitações dispersas (especialmente em Montmartre e em Grenelle) localizadas no sítio em que se ergueria a futura capital. Durante o Neolítico (IV e III milênios a.C.) o lugar já era ocupado por uma população sedentária bastante numerosa, que se dedicava à criação de gado e à agricultura. Nesse período já existiam trocas comerciais regulares. O Sena e seus afluentes exerciam uma função crucial na circulação de pessoas e de produtos. É prova dessas comunicações a descoberta, no leito do rio, de machadinhas provenientes da Europa oriental.

A partir da metade do século III a.C. (entre 250 e 225 a.C.), já na Idade do Ferro, chegou a tribo dos Parisii, um povo celta que transmitiria seu nome à cidade e que se instalou na Île de la Cité. Neste *oppidum* (posição de defesa), os Parisii fundaram sua capital, Lucotícia (Lutécia). Um muro de defesa foi erguido no princípio do século II a.C. Logo foram construídas duas pontes ligando as margens do rio, para substituir o transporte pelas barcaças. As características específicas do local explicam em grande parte o papel e as atividades exercidas por essas populações antigas, que se beneficiavam por estarem no eixo natural de circulação das rotas comerciais entre as Ilhas Britânicas e o Mediterrâneo, além de se dedicarem a um importante fluxo de trocas ao longo do Sena. A prosperidade original de Lutécia se deve ao comércio fluvial e, em menor escala, rodoviário, que pagava taxas de passagem sobre as duas pontes (e por baixo delas) que ligavam a cidade às margens do rio. Na época, os nautas (corporação dos barqueiros) tinham uma posição dominante na vida da ilha. Os estáteres de ouro, moeda cunhada em grande quantidade (a cara mostrando um perfil humano e o verso, a coroa, a figura de um cavalo), são testemunhas da intensa atividade econômica da cidade. As recentes escavações arqueológicas no sítio neolítico de Bercy confirmam a existência de trocas comerciais.

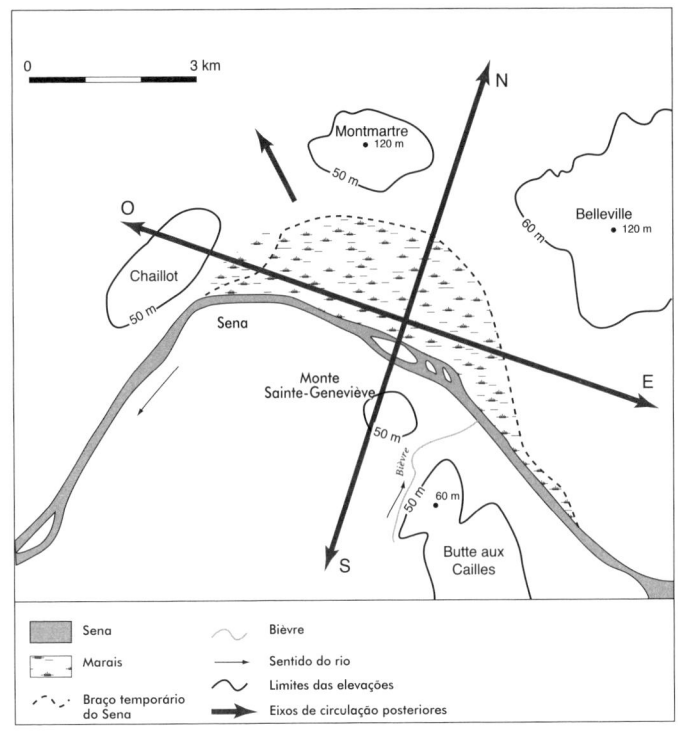

Sítio histórico de Lutécia

2. Da aldeia gaulesa à cidade galo-romana

Quando Júlio César tomou a decisão (em 53 a.C.) de transferir o local da assembleia dos povos gauleses para a Lutécia (provavelmente na planície de Landit, entre a Lutécia e Saint-Denis), ele reforçou a posição estratégica que a geografia dava à cidade e lhe conferiu igualmente uma função religiosa. Foi uma atitude imperial, que não pode ser dissociada da derrota de César quando este tentou desembarcar na região de Bretanha, em que pretendia submeter as tribos dos Carnutos e dos Senônios. O fato de que permaneceu ali depois do encerramento da assembleia serve para sublinhar a simbologia de sua decisão e a importância que ele atribuía à fidelidade da tribo dos Parisii.

No ano seguinte (52 a.C.), seus projetos foram perturbados. Os parísios se aliaram ao chefe arverno Vercingetorix, que comandava a rebelião dos gauleses. A batalha de Lutécia pôs fim ao conflito. Essa série de combates é melhor conhecida através do famoso livro de Júlio César (*De Bello Gallico*). Neste ponto, o texto é discutível, porque César não participou pessoalmente dessas lutas. É a primeira vez que "a cidade dos parísios, situada em uma ilha do Sena" é mencionada na história escrita. Enquanto César combatia os arvernos, seu tenente Labieno empreendeu a reconquista da Lutécia. Diante de suas legiões, o aulerco Camulógeno organizou a defesa da ilha. Depois de vencer na margem e assumir o controle do Sena, Labieno lançou um hábil ataque através dos brejos parisienses. Apesar disso, não conseguiu tomar a cidade, e a derrota o levou a modificar seus planos. As tropas romanas se dirigiram até o vau de Melun e atravessaram o rio. Tomado de surpresa, Camulógeno decidiu destruir as pontes e incendiar a Île de la Cité. Após uma manobra falsa, novamente em direção a Melun, Labieno conseguiu alcançar a margem esquerda com uma parte de seu exército. A fase final desses combates se travou na planície de Grenelle. Foi uma batalha das mais desiguais, considerando o número de soldados em campo: a batalha de Lutécia terminou por um banho de sangue, Camulógeno morreu em combate e os romanos conquistaram a vitória.

Não obstante o fato de que os romanos tomaram uma cidade destruída pelos incêndios causados pelos próprios habitantes, esse sucesso militar lhes permitiu reconquistar uma posição crucial na Gália dos cabelos longos[2] e um ponto estratégico que seria muito importante para o Império. Mas, no momento em que os romanos retomaram Lutécia, o oppidum não mais existia. A cidade teve de ser reconstruída totalmente. A partir do início do século I, o traçado foi fixado ao estilo

---

2. Os romanos se referiam às próprias províncias na região da França como a *Gallia Togata* (a Gália em que os homens usavam togas ao estilo romano) em oposição às regiões independentes ou semi-independentes, como a *Gallia Comata* (a região em que os homens usavam cabelos longos). (N.T.)

romano, com um quadrilátero regular a partir de dois eixos de circulação fundamentais. O eixo principal era o cardo (norte-sul), uma rua que ligava a margem esquerda à margem direita pelas pontes grande e pequena (Grand-Pont e Petit-Pont) e correspondia às ruas Saint-Jacques de la Cité e Saint-Martin. Na margem esquerda, havia um cardo secundário, onde hoje se ergue o bairro de Saint-Michel. O segundo eixo, o decumanus (leste-oeste), correspondia às atuais ruas Cujas e Soufflot e à Rue des Écoles. Essas estradas, com a largura de vários metros e pavimentadas com grandes lajes de greda, eram cercadas por villas no estilo romano. A partir do Alto Império, paralelamente ao eixo principal constituído pelo cardo, os romanos construíram, na margem direita, uma segunda via (a atual Rue Saint-Denis), que seguia para o norte, em direção a Rouen. Na mesma margem, depois da Grand-Pont, a rota leste (hoje ruas Saint-Antoine e Saint-Honoré) conduzia a Melun. A construção dessas vias tinha intenções principalmente comerciais. A Île de la Cité conservou suas antigas funções portuárias (o porto principal ficava próximo à Petit-Pont, na época inteiramente feita de madeira) e serviu também como sede da administração romana.

> Foi no começo do século III que a Lutécia atingiu seu maior desenvolvimento. Na época, era uma pequena cidade de negociantes que realizavam comércio ativo ao longo do Sena e até o Yonne, e os barcos desses mercadores percorriam o caminho que ia de Sens até Lillebonne. Mantinha relações comerciais com as cidades vizinhas de Chartres, Rouen, Beauvais, Senlis, Melun e Orléans, viajando ao longo daquelas belas vias romanas quase indestrutíveis. (Henri Lemoine)

O desenvolvimento das novas construções se realizou principalmente na margem esquerda (ocupando uma área de aproximadamente 44 hectares), que era a mais protegida das enchentes periódicas. Segundo a maneira de pensar dos romanos, a civilização era fundamentalmente urbana. No alto do monte de Sainte-Geneviève se encontrava o fórum romano, cujos vestígios foram descobertos em 1860 por Th. Vacquer. Era uma construção grande, situada entre o Boulevard Saint-

Michel e a Rue Saint-Jacques, com o comprimento de quase 180 metros e que corresponde à atual Rue Soufflot. A largura do conjunto de edifícios era de cem metros. Abrangia um templo, uma basílica civil e um pórtico interior, em que se localizavam lojas de pequenos comerciantes e artesãos. Reunia as atividades comerciais em um ponto central e constituía o lugar favorito de encontro dos cidadãos, além da sede da vida administrativa.

Nessa mesma margem, situavam-se também um teatro e a Arena. Esta era de fato um suntuoso teatro-anfiteatro, com palcos e arquibancadas de 36 degraus, revelados por escavações no final do século XIX (1867) e restaurados condignamente para ocuparem um lugar de honra no espaço parisiense (na Rue Monge). Mais de dez mil espectadores podiam-se reunir nesse semicírculo de arquibancadas (certamente um número superior ao total da população parisiense de então). Ali se realizavam espetáculos teatrais, jogos circenses e combates com animais.

Entre os elementos característicos da urbanização romana, é importante lembrar a rede hidráulica que foi construída com a captação das águas das bacias dos rios Rungis e Wissous. O aqueduto que conduzia essas águas até as termas tinha dezesseis quilômetros de extensão. A sua capacidade era de dois mil metros cúbicos por dia. A cidade possuía três termas (localizadas nas atuais ruas Gay-Lussac, Saint-Jacques e Cluny). As mais célebres, as Termas de Cluny, datam do final do século II. Dez anos de escavações, iniciadas em 1946 (sob direção de Paul-Marie Duval), revelaram um monumento excepcional, testemunha da riqueza e grandiosidade das obras romanas. Essas termas abrangem um pouco mais de seis mil metros quadrados. A parede da entrada chega a ter dois metros e meio de largura. A grande fachada setentrional tinha catorze grandes janelas com vista para o rio. O edifício incluía um *frigidarium* (banho frio ou piscina) de 21 metros por onze sob um teto que chegava a catorze metros de altura. As águas das termas de Cluny se escoavam por um esgoto que se derramava no Sena. Os cemitérios ficavam fora da cidade, conforme os ditames da religião, e servem como indicadores dos limites da cidade romana e de seu espaço habitado. As escavações de Vacquer permitiram descobrir, ao sul de Lutécia, uma grande necrópole romana (na atual Rue Pierre-Nicole). Uma segunda necrópole foi localizada perto da Place Baudoyer.

A época da Pax Romana constituiu um período de fausto para a cidade galo-romana, em que viviam cerca de seis mil habitantes. A cidade era ainda uma encruzilhada de trocas comerciais, com boas comunicações através das vias romanas que conduziam a Orléans, Senlis, Soissons, Reims, Rouen, Chartres etc. Uma expressão dessa prosperidade foi a construção pela rica corporação dos nautas de um pilar votivo em honra do imperador Tibério (14-37) e do deus Júpiter. Além disso, os Nautas participaram frequentemente (através do chamado "evergetismo" [doações] dos séculos II e III) da história monumental de Paris, financiando, entre outras, a construção das Termas de Cluny. Esse pilar votivo exprimia também as convergências, o que não significa necessariamente uma fusão, ou sincretismo, dos dois politeísmos que se confrontavam (o gaulês e o romano), porque nele são representados não somente Júpiter, Marte e Mercúrio, mas também os deuses celtas Cerunnos e Smertios. Apesar de tudo isso, a cidade não podia ser considerada como o coração da chamada "Província da Quarta Lionesa" durante o Império Romano. A capital provincial permaneceu sendo Sens. Esse fato se explica porque, até o século XVII, as igrejas católicas de Paris permaneceram sob a jurisdição eclesiástica do Arcebispado de Sens.

3. A cidadela do Baixo-Império

No século III, os primeiros ataques dos povos germânicos (a tribo dos alamanos a partir de 275) provocaram o movimento de uma grande parte da população agrícola local para a Île de la Cité. A margem esquerda foi considerada pouco segura (comprovado pelas pilhagens e incêndios que as escavações do século XIX revelaram no alto do monte de Sainte-Geneviève) e tornou-se necessário um reassentamento. Essa migração parcial dos habitantes foi acompanhada pela demolição dos grandes monumentos então existentes na margem esquerda para servir como material para a consolidação da grande muralha que foi construída ao redor da ilha. Todavia, é importante evitar a visão demasiado caricatural de que a cidade se reduziu à ilha. A margem esquerda continuou viva. Ao mesmo tempo, numerosos núcleos habitacionais surgiram nas colinas da margem direita, que havia permanecido devoluta por muito tempo.

Foi durante esse século que a denominação romana de Lutécia caiu em desuso em favor da expressão "Cidade dos Parísios" (Civitas Parisiorum), antes que o nome Paris fosse adotado definitivamente. A vida e as atividades dos habitantes se concentraram nos poucos hectares da cidade fortificada. Nesses anos marcados por contínuos enfrentamentos militares com os invasores na fronteira do Reno, Paris exerceu a função de base de retaguarda para os exércitos romanos. Entre 358 e 360, a cidade recebeu Juliano, o filho mais moço de Júlio Constâncio e sobrinho de Constantino, o Grande, e foi também visitada temporariamente pelo imperador Valentiniano (365-366). Depois da cada campanha militar (como a vitória sobre os alamanos obtida em Estrasburgo em agosto de 357), Juliano se instalava em Paris durante o inverno. Após uma disputa com o imperador Constâncio, que queria retirar parte de seu exército, suas tropas o proclamaram imperador (foi elevado sobre o escudo)[3] em fevereiro de 360, diante do palácio da Île de la Cité. Antes de deixar a cidade para conduzir a guerra contra os persas (também chamados de partos), Juliano redigiu diversos textos favoráveis à sua querida Lutécia. Seus relatos referem-se frequentemente ao prazer que encontrava em morar na cidade (clima agradável e vegetação esplendorosa). Ele deixou igualmente um testemunho preciso sobre as condições da cidadela romana em que já se havia transformado Paris na segunda metade do século IV:

> Aconteceu que, naquele ano, eu me acantonei com as tropas para esperar a passagem do inverno em minha querida Lutécia: esse é o nome com que os celtas designam a fortaleza dos parisienses. Trata-se de uma ilha de pequena extensão localizada no meio do rio, que é cercada por uma muralha de todos os lados e alcançada por duas pontes de madeira que vão até as duas margens. O rio no meio do qual a ilha se encontra tem

---

3. Segundo o antigo costume gaulês, mas diferentemente das práticas romanas. (N.T.)

um curso calmo e regular: suas águas são muito agradáveis de contemplar devido à sua limpidez; também é bastante boa para beber e os habitantes vêm se abastecer de água no rio. O inverno não é rude, e a temperatura é amena o bastante para que cresçam nas redondezas vinhedos de boa qualidade... (Imperador Juliano)

Foi na metade do século III (durante o reinado do imperador Décio) que o cristianismo realmente apareceu na cidade. A tradição proclama o bispo evangelizador São Dionísio (Saint Denis) como o fundador da igreja em Paris. Essa é uma confusão histórica que já deixou de ser aceita há muito tempo, provocada pela obra *A Paixão de Cristo*, escrita por Hilduíno, então abade de Saint-Denis, durante o século IX, que julgou que São Dionísio fosse o mesmo Dionísio Areopagita, discípulo de São Paulo e o verdadeiro introdutor do cristianismo na cidade. Mas não possuímos muitos elementos a respeito de sua vida e de seu papel, frequentemente exagerados pelos escritos hagiográficos (sobre a vida dos santos, como o relato de Gregório de Tours). A parte mais conhecida da lenda de São Dionísio se refere às circunstâncias de sua morte, sobre o monte dos Mártires (a colina de Montmartre). Ele foi preso por Fescenninus, prefeito (comandante da guarda) romano, juntamente com seus colaboradores Rústico e Eleutério, tendo sido decapitado. Segundo consta, levantou-se, segurou sua cabeça nos braços e caminhou seis mil passos até a aldeia de Catulliacus, onde se encontra hoje a abadia de Saint-Denis (incidente conhecido como o "milagre do cefalóforo"). O desenvolvimento do cristianismo na cidade é conhecido através de alguns fatos e datas. O primeiro bispo de Paris foi Vitoriano. Em 360, a cidade sediou um concílio. A primeira igreja parisiense foi construída durante o século IV, mas a data exata é desconhecida. Muito mais tarde, ela foi dedicada a São Marcelo, o nono bispo de Paris (falecido em 435).

Durante os primeiros anos do século V, as invasões bárbaras foram se tornando mais e mais numerosas. No ano de 406, durante um inverno excepcionalmente rigoroso, o Reno congelou e deixou de ser um obstáculo. Os visigodos, borgúndios, francos e alamanos ocuparam a Gália. Inicialmente,

Paris foi poupada, mas teve de enfrentar os ataques dos hunos a partir da metade do século V. Em 451, Átila, depois de ter devastado Trèves, Metz e Reims, avançou em direção a Paris. A personagem central da história parisiense no século V foi Santa Genoveva (Sainte-Geneviève, 422-502), nascida em Nanterre e mais tarde padroeira da cidade, que incitou a população a resistir. Ela é apresentada em numerosos textos como tendo sido uma pastora que recebera o dom de curar diversas doenças mediante a unção de óleo santo e que também realizara muitos outros milagres. A principal fonte dessas lendas (*A vida de Santa Genoveva*) foi, não obstante, um documento essencial para o relato desses acontecimentos e para o registro da história de Paris no século V. Santa Genoveva forçou ao combate os parisienses, que preferiam fugir, ilustrando assim a perda de influência do exército romano na província (o ano de 476 marca o reinado do último imperador, Rômulo Augusto). Os hunos decidiram finalmente marchar contra Orléans, desviando-se de Paris. Mas o alívio foi curto porque, em 470, foi a vez dos francos sálicos – conduzidos por Childerico I (436-481), o pai de Clóvis –, que saquearam as propriedades rurais a oeste de Paris e impuseram um cerco à cidade. Foi um longo cerco, durando mais de dez anos. Foi Santa Genoveva que conseguiu quebrar o bloqueio e trazer víveres para a população, particularmente trigo das regiões de Brie e de Champagne, conduzindo ida e volta uma flotilha fluvial, formada por onze barcaças, ao longo do Sena e do Aube até o porto de Arcis-sur-Aube. Em 481, Clóvis, então com dezesseis anos, tornou-se rei de um território que abrangia a atual Bélgica e uma parte do norte da Gália. Cinco anos mais tarde, ele derrotou o último exército simbólico do Império Romano (as tropas de Syagirus) na batalha de Soissons. Sem atacar as muralhas, Clóvis fez um acordo com Santa Genoveva e ocupou a cidade pacificamente. A partir desse momento, tornou-se o senhor de toda a Gália localizada ao norte do rio Loire. Convertido ao cristianismo por sua esposa (a rainha Clotilde, princesa borguinhona cristianizada), com o apoio das pregações dos bispos Avit e Remi, ele foi batizado em Reims pelo mesmo São Remi, juntamente com a maioria de seus soldados, no ano de 496. A partir de então, Paris se tornou a capital de seu reino.

Capítulo II

A cidade medieval

1. A cidade merovíngia

A partir de 486, Clóvis reinou em Paris mais ou menos por um quarto de século. Santa Genoveva, que compactuara com ele e o recebera na cidade, morreu em 502, aos oitenta anos de idade. Em 507, na batalha de Vouillé, Clóvis esmagou os visigodos e, em 511, foi proclamado rei de todos os francos renanos. A partir de 508, Paris, sendo a capital do rei, pode ser considerada, portanto, a capital do vasto reino merovíngio.

Sob o governo de Clóvis I, e depois sob o reinado de seu filho Childeberto, Paris consolidou sua autoridade política, ao mesmo tempo em que exercia uma importante influência religiosa. Na vida diária de Paris, o lugar dos ministros religiosos foi se tornando cada vez mais importante. Inicialmente, essa influência foi salientada pela construção de numerosas igrejas e abadias. Conforme observa Alfred Fierro, "Paris se cobriu de igrejas na época dos merovíngios". Elas foram construídas principalmente na margem esquerda do rio. O próprio Clóvis determinou a edificação, em 507, de uma igreja em honra dos apóstolos São Pedro e São Paulo, a ser construída no alto do monte de Sainte-Geneviève (próxima ao antigo fórum romano). Ele declarou que queria ser sepultado no interior dessa igreja, o que ocorreu em 511. Nesse período, foram igualmente construídas as igrejas de Saint-Marcel e de Saint-Julien-le-Pauvre, perto da Petit-Pont. Em 543, Childeberto lançou a pedra fundamental da basílica de Sainte-Croix-Saint-Vincent, hoje Saint-Germain-des-Prés, em que passaram a ser conservadas as relíquias reais. Foram fundados igualmente muitos conventos: de Saint-Christophe e Saint-Marcel na Île de la Cité, para mulheres (monjas), e Saint-Laurent e Saint-Vincent, para frades, um em cada margem do rio. A força dos religiosos pode ser igualmente medida se considerarmos os numerosos concílios convocados em Paris (seis foram realizados somente na segunda metade do século VI).

Durante os séculos V e VI, a população se situa entre quinze e vinte mil habitantes. Apesar do incêndio de 585, que a devastou parcialmente, a Île de la Cité continua a ser o coração da cidade. A fortaleza tinha duas grandes portas, ao norte e ao sul, acompanhando o traçado do antigo cardo romano. No interior da fortificação, ficavam as sedes dos poderes real e religioso e os embriões dos futuros centros de ensino. A grande Catedral de Saint-Étienne, uma das maiores igrejas da Gália, foi construída durante o reinado de Childeberto. Era composta por cinco naves e situava-se onde se encontra a atual Notre-Dame.

As atividades econômicas da ilha permaneciam estreitamente ligadas ao comércio fluvial com Auxerre e Rouen, a que agora se reuniam uma indústria de joalheria (perto da Petit-Pont) e fábricas de vidro. Da porta norte à porta sul, as ruas eram ocupadas por pequenas lojas. A oficina de cunhagem de moedas parisiense (a segunda da Gália, após a casa da moeda de Marselha) produzia *trémisses*, peças de ouro que circulavam não somente por toda a Gália como através da Inglaterra. A presença de mercadores vindos do Oriente (sírios e judeus) confirma a intensidade das trocas e a atração dos portos e das feiras da cidade. A comunidade judia se reunia perto da Porte du Midi e na Rue des Juifs [Rua dos Judeus]. A época merovíngia assistiu ao crescimento dos bairros situados nas duas margens, tanto populacional como no número de edifícios. As igrejas de Saint-Jacques-de-la-Boucherie, de Saint-Gervais e de Saint-Jean-de-Grève [São João da Praia] foram construídas nas duas elevações localizadas a leste da margem direita. Nessa mesma margem, o porto (chamado de La Grève) se tornou um polo muito ativo da economia parisiense.

Por ocasião da morte de Clóvis, seu reino foi dividido entre seus quatro filhos. Paris se tornou um trunfo para seus sucessores. De Childeberto a Clotário II, a cidade conservou ou até mesmo reforçou sua autoridade política. Entretanto, acima de tudo, ela passou a ser um lugar cobiçado, que originou numerosas rivalidades entre os três reinos (Austrásia, Nêustria e Borgonha). Após a morte de Childeberto, seus filhos (Clotário e Cariberto) se digladiaram constantemente pela posse de Paris. A partir da morte de Cariberto, a capital passou a ser considerada como um bem comum a todos os reinos merovíngios. Nenhum dos soberanos podia residir na cidade sem o consentimento expresso dos dois outros.

O final do século VII, contudo, marcou o declínio do poder político de Paris. Clotário II já instalou seu palácio principal em Clippiacus (Clichy). Outro sinal tangível dessa perda de influência foi a ausência de cunhagem de moeda nova durante todo esse século. O centro do poder merovíngio se caracterizava agora por sua inconstância. Os monarcas (os chamados *rois fainéants* [os reis que nada faziam]) se deslocavam de palácio para palácio. Foi a vitória de Pepino II de Herstal, o intendente do palácio, obtida na batalha de Tertry, em 687, que reafirmou o poder da Austrásia, cujo eixo dominante era o vale do Mosa, a força da dinastia dos pepinidas e, por oposição, a decadência do reino da Nêustria e em consequência, o de Paris. Efetivamente, foi em Soissons, no ano de 751, que Pepino III, chamado o Breve, filho de Carlos Martel, conseguiu ser coroado rei. Seu sucessor, Carlos Magno, mandou construir sua residência principal em Aix-la-Chapelle. Durante o governo dos carolíngios, Paris se tornou o que sua população e tamanho indicavam: uma cidade de segunda classe.

Paradoxalmente, foi um movimento externo ao reino, os ataques dos normandos, que devolveu o prestígio de Paris.

O verdadeiro início das invasões normandas ocorreu durante os anos que se seguiram ao final do reinado de Luís, o Piedoso (morto em 840). A partir de 845, o Sena se tornou o principal vetor dessas vagas de invasores vikings. Entre 856 e 857, eles ocuparam toda a margem esquerda, pilhando ou devastando as igrejas, abadias e as terras de cultivo. A abadia de Saint-Germain-des-Prés foi destruída e incendiada em 861. Mais do que nunca, a ilha se tornou o lugar de refúgio e da resistência. Em 24 de novembro de 885, no mínimo quarenta mil normandos em setecentos barcos, sob o comando de Siegfried, se apresentaram diante de Paris. O bispo Gozlin recusou-se a lhes permitir a passagem em direção às cabeceiras do rio. O cerco de dois anos, os assaltos constantes dos invasores, a heroica resistência dos parisienses (particularmente o célebre episódio da Ponte Pequena em 6 de fevereiro de 886), a coragem do conde de Paris, Eudes, o filho mais velho de Roberto, o Forte são conhecidos em grande parte pelo relato de Abbon, um dos monges de Saint-Germain-des-Prés. Ainda que as margens tenham sido frequentemente devastadas, a ilha-fortaleza (que na época já havia construído torres sobre as pontes) resistiu a todas as ofensivas. As posições de defesa foram estendidas para englobar o bairro de Saint-Germain-l'Auxerrois. Em 887, o prestígio da cidade já se havia restaurado. Não somente Paris defendera valentemente seu espaço, como os parisienses haviam combatido pela defesa da integridade do reino.

2. A capital dos capetianos

Além dessas batalhas, o prestígio pessoal de Eudes, o conde de Paris, e da dinastia robertiana vinha aumentando progressivamente. Ao mesmo tempo, o rei Carlos, o Gordo perdera a consideração da nobreza após sua fácil capitulação perante os invasores. Em 887, ele foi deposto. Após sua morte, em 888, os grandes do reino se reuniram e elegeram Eudes como o novo rei. Carlos, o Simples, filho póstumo de Luís II, não aceitou a designação ao trono de um não carolíngio. Consagrado rei em 893, ele só começou efetivamente a reinar após a morte de Eudes, em 898. Essas disputas dinásticas, todavia, não chegaram a se concretizar em combates. Em 922, Roberto I, irmão de Eudes, foi eleito rei da Frância Ocidental. Após o domínio firme de Hugo, o Grande, um hábil político que conseguia conciliar os carolíngios e os otonianos, seu filho Hugo Capeto foi proclamado rei da França, em 987. Durante três séculos, os capetianos conservaram Paris como sua capital. Mas, antes de atingir a primazia (o que só ocorreu no século XII), a cidade precisou ao mesmo tempo sair da situação catastrófica que resultara das invasões normandas e readquirir um local de proeminência com relação às cidades que sediavam os feudos dos poderosos vassalos. Os sucessores de Hugo Capeto não cessaram de batalhar, durante várias décadas, até conseguirem devolver a Paris um espaço de influência e seu antigo poder. Felipe I anexou a região de Gâtinais e os burgos de Gisors e Bourges. Mas foi Luís VI que conseguiu garantir a segurança dos domínios reais. Felipe Augusto aumentou esses domínios (de fato, quadruplicou as terras reais) e impôs seu poder sobre os vassalos. A posição de Paris foi assim confirmada paralelamente ao fortalecimento de seu rei.

Contudo, a cidade ainda se achava profundamente marcada por esse longo período de invasões. O condado de Paris (a palavra deriva do latim *civitas*, *civitatis* = cidade) ainda mostrava as marcas profundas das devastações normandas. Na margem esquerda, que fora a mais atingida, numerosas igrejas ainda permaneciam em ruínas. Para piorar a situação, as duas pontes de madeira que ligavam a Île de la Cité às margens tinham sido mandadas incendiar em 1111 pelo senhor de Meulan (aldeia situada na época sobre a colina de Saint-Gervais).

Era na Île de la Cité que sempre se concentrava uma grande parte da população e dos habitantes da cidade. O rei e o bispo de Paris concorriam pelo poder. A restauração do Palais de la Cité, realizada por Roberto, o Piedoso (970-1031) do lado oeste da ilha, constituiu o símbolo da restauração da autoridade real sobre a vida dos parisienses. Desse modo, a residência real foi estabelecida por vários séculos. O Palais permaneceu a residência oficial dos reis da França até a metade do século XV.

A ilha se caracterizava por suas pontes, suas ruelas estreitas, suas barracas de feira, seus mercados (especialmente o que era localizado no adro da catedral de Notre-Dame) e por seu porto. As duas pontes foram sempre elementos vitais para a ilha. A Petit-Pont ligava a cidade à margem direita; a Grand-Pont a ligava à margem esquerda do rio. Havia ainda "les Planches de Mibray", uma passarela construída com grandes pranchas de madeira, também chamada de Pont Notre-Dame. O eixo principal, que atravessava o coração da cidade, era o traçado que passava pela Rue du Petit-Pont, pela Rue de la Juiverie [Rua da Judaria], pela Rue de la Lanterne [Rua do Farol] e pela Rue de la Vieille-Draperie [Rua da Velha Tecelagem]. Os relatos sobre um número significativo de lojas salientam a renovação do comércio e da circulação de mercadorias. O Marché-au-Blé [Mercado do Trigo] ficava na Rue des Juifs. Dos dois lados dessas ruas estreitas (as mais largas com quatro a cinco metros de largura no máximo), se erguiam as casas mais humildes (com dois ou três andares e construídas de barro amassado com palha e reforçado com vigas de madeira), alternando-se com residências burguesas (caracterizadas por lareiras e cozinhas) e com mansões opulentas.

A Igreja se achava grandemente presente no espaço da Île de la Cité (numerosas igrejas e ostentação de riqueza pelos altos prelados). O Palácio Episcopal (localizado a leste da ilha) rivalizava com o Palais Royal. O bispo era proprietário de uma grande parte das terras parisienses (tanto na ilha como nas duas margens). A catedral de Notre-Dame da época romana (parcialmente reconstruída depois das invasões normandas) era uma construção imponente, localizada a leste da antiga igreja de Saint-Étienne [Santo Estêvão]. O adro, na época ainda de pequenas dimensões, era ocupado por um mercado. A força espiritual se destaca também pela criação, durante as três primeiras décadas do século XII, de três paróquias independentes: Saint-Pierre-des-Arcis [São Pedro do Estaleiro], Saint-Pierre-aux-Boeufs [São Pedro do Mercado dos Bois] e Sainte-Croix [Santa Cruz].

Os *hôpitaux* [hospitais], dos quais o mais conhecido era o Hôtel-Dieu, serviam para acolher os mais pobres. Construídos ao lado da catedral ou de um dos conventos, os albergues eram obra exclusiva da Igreja. Todos os atendentes eram religiosos. Os doentes e os indigentes recebiam cuidados e alimentação. No século XIII, Luís IX fundou o abrigo dos cegos denominado Quinze-Vingts. O nome estranho derivava do número de cegos que o albergue podia receber, quinze vintenas, isto é, trezentos abrigados. Mas somente no século XIV foi registrada a presença constante de médicos e cirurgiões nos hospitais.

Nas ruas e vielas de Paris, as pessoas caminhavam desviando-se dos animais que andavam à solta, correndo ou pulando. A morte do príncipe Felipe foi causada por um susto de seu cavalo, quando este empinou diante de uma vara de porcos que estava sendo desembarcada em uma rua perto de Saint-Gervais, fazendo seu cavaleiro quebrar o pescoço contra um poste de pedra usado para amarrar as montarias. As águas servidas e os dejetos corriam sobre o calçamento das ruas sem esgoto até se derramarem no Sena ou no Bièvre.

Entretanto, essa cidade-fortaleza era um espaço exíguo de poucos hectares. A partir dessa época, o número de habitantes que moravam fora das muralhas não parou de crescer. No final do século XI, a margem direita era ocupada principalmente pelos bairros formados ao redor das igrejas de Saint-Germain-l'Auxerrois, Saint-Gervais e Saint-Martin-des-Prés. O traço principal da vida na cidade capetiana durante os séculos XII e XIII foi certamente o desenvolvimento da margem direita. Conforme observa Jacques Boussard, "a margem direita foi a primeira a se desenvolver, tornando-se logo o bairro do comércio". É claro que já existiam núcleos residenciais anteriores a essa época, mas foi o desenvolvimento do porto ao longo do cais da Grève que originou um bairro de comerciantes (especialmente de carnes e peixes) e de artesãos. O braço mais largo do Sena oferecia melhores possibilidade de atracação para os barcos, e era ali que descarregavam o carvão, o vinho, a madeira, o sal e os cereais. Uma decisão de grande importância para essa margem foi a transferência do maior mercado de Paris para esse local, fora das muralhas, que foi chamado de Les Champeaux [Mercado dos Prados]. Era um dos lugares mais adequados para as trocas comerciais, porque reunia o comércio fluvial, a ligação com a Cité e as estradas que conduziam ao canal da Mancha e ao norte do reino. Perto do Châtelet [Castelinho], uma sólida fortaleza mandada construir por Luís VI (Luís, o Gordo), se multiplicavam os matadouros e açougues (Rue de la Grande-Boucherie [Rua do Grande Açougue] e Rue de la Tuerie [Rua do Matadouro]). Os cambistas se concentravam na Grand-Pont, que passou a ser chamada de Pont-au-Change [Ponte do Câmbio]. Logo depois, a drenagem dos brejos formados pelo antigo leito do Sena trouxe para a cidade um novo espaço agrícola (pomares e hortas). Foi o desenvolvimento do comércio fluvial que originou, no começo do século XII, a poderosa corporação dos vendedores de água, cujo papel na vida de Paris iria adquirir grande importância nas épocas futuras.

Comparada com tal crescimento, a margem esquerda parece ter passado por uma fase de estagnação. Além dos núcleos populacionais ao redor das três abadias (Saint-Germain-des-Prés, Sainte-Geneviève e Saint-Marcel), o local era formado por pastagens e vinhedos. Seu desenvolvimento posterior esteve ligado acima de tudo à vitalidade da renovação intelectual entre os séculos XII e XIV. Abelardo é o símbolo desse movimento. Aluno de Guillaume de Champeaux, na escola do claustro de Notre-Dame, ele abriu sua própria cátedra no claustro de Sainte-Geneviève. Durante mais de trinta anos, o filósofo e monge Abelardo se recusou a aceitar o poder do bispo de Paris e inflamava com suas ideias uma parte da juventude da cidade. Combatido pela Igreja, condenado pelo Concílio de Sens, ele terminou seus dias enclausurado na Abadia de Cluny. Durante toda a vida Abelardo envolveu-se em disputas e argumentações. Foi um dos pais da futura Universidade de Paris. Ao longo das décadas, a Abadia de Saint-Victor se tornou um polo essencial da vida religiosa da cidade. Sua escola, fundada por Hugo de Saint-Victor, possuía numerosos mestres (entre eles Achard, Richard e Thomas Gallus). No final do século XII, tal função foi perpetuada pela escola de Sainte-Geneviève.

3. Os empreendimentos de Felipe Augusto

Nas realizações da dinastia dos capetianos, Felipe Augusto, oitavo descendente do irmão de Eudes, ocupa um lugar de destaque. Seu reinado, entre 1180 e 1223, coincidiu com uma fase de aceleração na história de Paris. Foi justamente "entre os séculos XII e XIII que Paris deixou de ser uma simples encruzilhada" (Jean Favier). O poder real moderava o poder dos nobres e da Igreja e o dinamismo comercial da burguesia parisiense. No princípio do século XII, Paris ainda era administrada pelo preboste do rei, o representante do soberano na capital. A cidade não era um verdadeiro município, no sentido de que não foi diretamente influenciada pelo movimento comunal e não era regida por uma "carta de cidade", como era o caso de Laon ou de Cambrai. Com o crescimento urbano e a vitalidade do comércio fluvial, um duplo poder se foi impondo progressivamente: de um lado o preboste do rei e do outro o preboste dos mercadores. A burguesia passou a adquirir uma posição central na administração da cidade. A partir de 1160, ela recebeu autorização para designar um preboste e quatro vereadores (échevins). Quais foram as grandes obras realizadas por esse soberano, chamado "o primeiro rei de Paris e seu segundo fundador, depois de Clóvis"? Felipe Augusto foi, ao mesmo tempo, um construtor (entre outras obras, mandou pavimentar muitas ruas e erguer o Palácio do Louvre), o unificador da cidade (segurança das muralhas e a administração conjunta com os burgueses) e o fundador da universidade. Esse soberano se apaixonou pela urbanização da cidade, que dispunha agora de mais ou menos vinte mil habitantes (segundo o cálculo de Michel Robin). Após uma decisão tomada em 1186, ele iniciou as grandes reformas urbanas, sendo a principal das quais o aprimoramento das ruas. Por cima dos pavimentos romanos, as ruas estavam recobertas por uma lama pestilenta. O plano previa dar fim aos perigos da circulação sobre essas ruas escorregadias, à falta de higiene e aos maus odores que incomodavam toda a população da cidade. A Rue Barillerie [Rua da Fábrica de Barris], localizada entre a Rue Calandre [Rua do Esgoto] e a Rue de la Draperie [Rua da Tecelagem], foi a primeira a ser atacada. As principais artérias (que conduziam às portas da cidade e às pontes) e praças foram sendo progressivamente pavimentadas com sólidas pedras quadradas. O rei também pode ser considerado como o pai do futuro mercado Les Halles. Deu grande impulso ao desenvolvimento do bairro de Champeaux e às atividades comerciais que nele se realizavam. Mandou construir dois mercados cobertos para os negociantes. Mas provavelmente Felipe Augusto seja mais conhecido pelos parisienses pela muralha protetora que mandou construir. Essa muralha (veja o mapa na página 29) estabeleceu os limites da cidade, além de servir como proteção contra futuras invasões. Era a expressão da vontade real, que conjugava a defesa e a necessidade de segurança da população antes que o rei partisse para uma das Cruzadas com a realização concreta de um projeto que associava o dinheiro da cidade e o do rei. Em sua primeira fase (1189-1190), essa fortificação de dois metros de espessura só abrangia os bairros da margem direita. Vinte anos depois, a muralha foi continuada do outro lado do rio para proteger os bairros da margem esquerda (fortificações construídas com oito metros de altura). Esses dois semicírculos, erguidos de cada lado do Sena eram interrompidos por seis portas, que davam passagem para as estradas principais (dirigindo-se, entre outras, para as cidades de Rouen, Dreux, Orléans e Sens). Tal cinta protetora se tornou um elemento unificador na história de Paris, gerando a consciência de que constituía uma unidade. Demarca uma das etapas no crescimento dos bairros. Após um quarto de século, Paris se tornara a principal praça-forte do reino. A fortaleza do Louvre constituía uma proteção adicional para esse dispositivo de defesa. O nome se explica porque o lugar tinha sido antigamente um alojamento dos caçadores de lobos (*louveterie*), que fora demolido para dar lugar à construção do bastião principal. No interior do cinto de muralhas, para maior segurança, o rei decidiu sua edificação, realizada entre 1190 e 1202, sob a forma de um calabouço circular, com quinze metros de diâmetro na base, 31 metros de altura e paredes de quatro metros de espessura, cercado por quatro torres, com 25 metros de altura cada uma. Parte integrante do sistema defensivo da cidade, era uma construção imponente que dominava a cidade e permitia uma visão à distância dos campos que a cercavam. Era o símbolo do reino? Era o coração do reino? O Louvre só se tornou residência real durante o reinado de Carlos V.

O século XII também assistiu à confirmação dos centros de ensino, que foram se desenvolvendo na margem esquerda. Em 1200, o rei concedeu um privilégio especial às escolas, de fato uma concessão considerável, colocando os recintos fora do campo de autoridade do preboste real. Esse ato de Felipe Augusto, redigido nesse início de século, foi muitas vezes considerado a certidão de nascimento (mais exatamente o decreto de reconhecimento) da universidade. Por esse motivo, o rei que concedera tais privilégios é frequentemente apresentado como sendo o pai e fundador da Universidade de Paris. Não obstante o poder real, um grande debate surgiu no meio clerical. A oposição entre o bispo de Paris e o abade de Sainte-Geneviève foi consequência natural de uma situação anterior que surgira da recusa dos professores e dos estudantes a se submeterem à dominação do chanceler das escolas da catedral. Em 1221, o papa Honório III (1216-1227) assumiu o partido da abadia de Sainte-Geneviève e reforçou a posição do bairro que acabaria por se tornar o Quartier Latin [o subúrbio em que só se falava em latim].

> Ele (Abelardo) tinha semeado sobre o monte de Sainte-Geneviève grãos que nenhum concílio conseguiu extirpar. Seu método de ensino, que foi retomado por seus discípulos, continuou a atrair estudantes oriundos de todos os países da Europa, que se formavam mestres, por sua vez. Sua "escola" sobreviveu a ele tão bem que existe até hoje. Foi o embrião de uma instituição que, menos de 64 anos após a morte de Abelardo, recebeu oficialmente o nome de Universidade de Paris. (Maurice Druon)

A partir de 1215, os primeiros estatutos da Universidade de Paris foram fixados por Robert de Courçon. Ela concedia os títulos de bacharel, licenciado e doutor. Um passo consi-

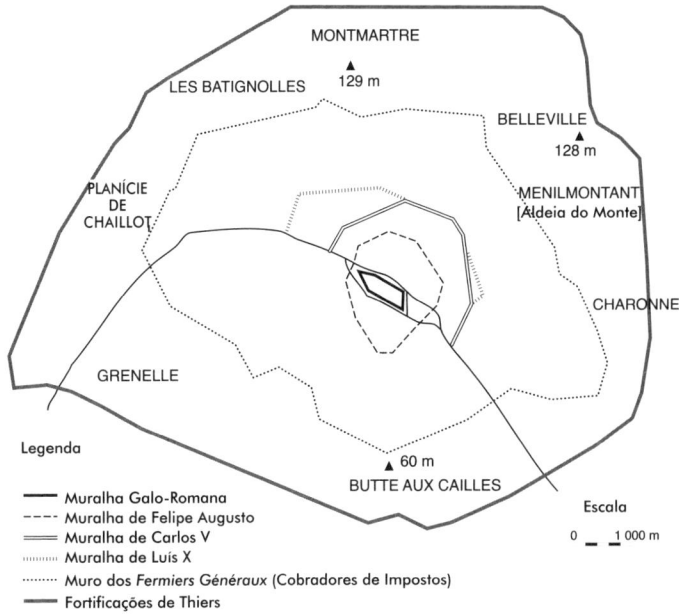

Os muros protetores de Paris, desde a Muralha Galo-Romana até as Fortificações.

derável para a autonomia da universidade foi dado pela bula papal *Parens scientatorum* [Fundadores das ciências], assinada em 1231 por Gregório IX, papa de 1227 a 1241. Os estudos passaram a ser organizados em quatro faculdades (Artes e Letras, Medicina, Direito Canônico e Teologia).

No decorrer do século XIII, o Quartier Latin foi tomando forma. Já contava com quase dez mil estudantes que frequentavam as aulas e viviam na margem esquerda (algazarras, jogos, arruaças). Inicialmente os colégios (do latim *Collegium pauperum magistrorum* = associação dos professores pobres) eram pequenas pensões mal construídas, em que se abrigavam os *escholiers* mais pobres, recebendo alojamento e refeições. O mais célebre destes "colégios" (de fato, o mais antigo de todos), origem da futura Sorbonne, foi fundado na Rue Coupe-Gueule [Rua do Corta-Gargantas] em 1253 (embora realmente só tenha funcionado a partir de 1257) por Robert de Sorbon, capelão de Saint-Louis, que permaneceu como um dos maiores protetores do estabelecimento até o fim de sua vida. Grandes nomes da história da França (o príncipe Condé, e os cardeais e primeiros-ministros Richelieu e Mazarin) e mestres de grande prestígio (Guillaume de Saint-Amour e Henri de Gand) contribuíram grandemente para o desenvolvimento dessa instituição.

4. A burguesia e a Guerra dos Cem Anos

Esse renascimento urbano se prolongou durante quase um século, sob os reinados de Luís IX, Felipe III, o Temerário e Felipe IV, o Belo. A cidade começou a tomar ares de grande capital. Passou por um período de grande riqueza (manifestado pelas atividades comerciais e pelo seu crescimento demográfico). Os reis residiam a maior parte do tempo em Paris. O Tribunal das Contas (Temple) e o Tribunal do Parlamento (Palais de Justice) constituem os dois pilares da organização monárquica. As prerrogativas do preboste real (residente no Châtelet) abrangem os assuntos militares, policiais e judiciários. A Ronda Real e a Ronda das Corporações de Ofício estavam encarregadas da segurança da cidade.

Bem no centro urbano, a catedral de Notre-Dame estava passando por transformações importantes. O antigo edifício em estilo românico foi reconstruído por ordem do bispo Maurice de Sully, que dedicou sua vida à tarefa e uma boa parte de seus próprios recursos. Para facilitar o conjunto dos trabalhos de reconstrução, que duraram de 1160 a 1330, ele mandou abrir um eixo de circulação entre a Rue Neuve e Notre-Dame, que desembocava em frente à catedral. Ao longo do século XIII, seus sucessores, Jean de Chelles e Pierre de Montreuil, transmitiram ao edifício o esplendor que conhecemos hoje (as portaladas, as galerias e as torres com 69 metros de altura). Pouco tempo depois, Luís IX mandou construir a Sainte-Chapelle, presenteando Paris com uma obra-prima de arquitetura. Inaugurada em 1348, depois de cinco ou seis anos de construção, a obra expressava admiravelmente a majestade e a elegância da arte gótica.

A história de Paris não pode ser contada separadamente da história da França. Em 1328, quando morreu o último dos capetianos da linhagem direta, Carlos IV, a cidade rapidamente se tornou o centro da batalha dinástica que colocou em oposição os franceses e os ingleses.

A partir de 1346, Paris teve novamente de enfrentar a guerra, desta vez dirigida pelo rei inglês Eduardo III. Precisou preparar-se para a defesa. A essas ambições dinásticas se justapunha um conflito entre os burgueses parisienses e o rei, provocado pelas exigências de novos impostos cobrados pelo tesouro real (o financiamento das Cruzadas, a criação de um fundo de resgate para o caso de aprisionamento do rei etc.). Já havia muitas décadas que os burgueses nutriam um sentimento de revolta por acharem que estavam sendo duramente afetados pelas talhas, ajudas e cobrança de outros impostos considerados indevidos. Com a guerra, a pressão fiscal passou a crescer ainda mais. Em novembro de 1347, Felipe VI convocou os Estados Gerais para uma assembleia a reunir-se em Paris. Em consequência das pesadas derrotas recentemente sofridas em Crécy (agosto de 1346) e Calais (agosto de 1347), o rei teve grande dificuldade para obter dos burgueses a concessão dos subsídios necessários para reforçar o poderio militar (soldo e equipamento das tropas, cavalos, navios etc.) de que necessitava para enfrentar a Inglaterra. Mesmo assim,

Felipe VI e depois Luís, o Bom aproveitaram este intervalo na guerra (1347-1355) para formar um novo exército e reconstruir a frota. Em setembro de 1355, Eduardo, chamado o Príncipe Negro, filho de Eduardo III, desembarcou em Bordeaux. Com um intervalo de poucos meses, os Estados Gerais foram convocados duas vezes (novembro de 1355 e março de 1356). Em ambas as ocasiões, a pauta eram novas ajudas financeiras e a criação de novos impostos. Como resultado, o ano de 1356 foi marcado por duas desvalorizações da libra francesa. A derrota francesa em Poitiers (19 de setembro de 1356) e a captura e aprisionamento do próprio rei permitiram ao preboste dos mercadores de Paris, Étienne Marcel, virar o jogo em favor de seus próprios interesses. Este rico comerciante de tecidos descendia de uma das grandes famílias burguesas parisienses. Acusando tanto a monarquia como a nobreza de incapacidade, o líder do Terceiro Estado [o povo], com o apoio do bispo de Laon (Robert Le Coq), assumiu o controle político dos Estados Gerais no Parlamento de Paris, em outubro de 1356. Dessa forma, obrigou o jovem delfim, Carlos, então com dezoito anos de idade, a aceitar a criação de um Conselho de Governo (março de 1357). Esse organismo estabelecia um governo parlamentar sob a forma de uma assembleia e atacava diretamente o absolutismo do poder monárquico. Embora o rei João II tentasse obter a assinatura de um tratado de paz com os ingleses, Étienne Marcel decidiu construir uma nova muralha, a fim de integrar à cidade os novos bairros que haviam surgido na margem direita. Esse novo círculo de fortificações, o terceiro a ser construído depois da muralha galo-romana e das obras de Felipe Augusto, passou a ser conhecido pelo nome do rei Carlos V (1338-1380). Sua construção levou mais de um quarto de século, com o maior desenvolvimento das obras durante outro intervalo de paz. A nova muralha tinha cinco quilômetros de comprimento e era um dispositivo dos mais impressionantes, com dois fossos largos e profundos. A partir de então, o Louvre ficou situado no interior das muralhas. O dispositivo de defesa era reforçado por seis bastiões, conhecidos pelos nomes de Saint-Honoré, Montmartre, Saint-Denis, Saint-Martin, Temple e Saint-Antoine. A peça mais importante dessas fortificações era a fortaleza da Bastilha, nome pelo qual ficou sendo conhecido o bastião de Saint-Antoine. Na margem esquerda, a muralha de Felipe Augusto permaneceu intocada.

Étienne Marcel prosseguiu executando sua estratégia pessoal com o apoio do rei de Navarra, Carlos, o Mau, que reinou de 1322 a 1387. A tensão chegou ao auge no começo do ano de 1358. Ambos os lados recorreram a assassinatos. As mortes de Jean de Conflans, o marechal da Champanha, e de Robert de Clermont, o marechal da Normandia, nos próprios aposentos do delfim serviram como vingança pelo assassinato de Perrin Marc. Étienne Marcel, senhor inconteste da cidade, obrigou o delfim a usar um barrete com as cores de Paris (azul e vermelho). Seu próximo plano era o de propagar por toda a província esse movimento de revolta comunal. Amiens e Laon lhe deram apoio, mas as demais cidades não se associaram a seus propósitos. Ao contrário, o delfim Carlos contra-atacou. Ele se proclamou regente do reino e afirmou assim sua vontade de reinar em lugar do rei prisioneiro. Com o apoio dos nobres feudatários da Champanha, ele organizou o cerco de Paris. Étienne Marcel formou uma aliança tática com a revolta camponesa da Jacquerie e com Guillaume Carle, mas isso só lhe concedeu um alívio temporário. Para continuar impondo seu governo em Paris, ele se aliou com Carlos, o Mau e depois com os ingleses. Em 22 de junho de 1358, as tropas anglo-navarresas se apresentaram e pediram admissão à capital, mas a realidade era que Étienne Marcel se achava isolado. Ele não conseguiu mobilizar o apoio das cidades flamengas e os burgueses da cidade cada vez se mostravam mais hostis diante desses atos que consideravam uma traição parisiense. O vereador Jean Maillard liderou o retorno de uma parte da burguesia da cidade ao apoio do regente. Em 31 de julho de 1358, justamente quando Étienne Marcel dava as ordens para que as portas da capital fossem abertas aos ingleses, ele foi assassinado por Maillard. Em 2 de agosto, o regente é quem foi recebido em Paris.

Paris e Carlos se reencontravam. O regente convocou e conseguiu reunir os Estados Gerais do Reino em sua capital. Os burgueses parisienses se recusaram a aceitar o tratado de paz assinado por João II ("um tratado nem passável nem aceitável") e concederam novos subsídios ao regente para que ele pudesse prosseguir com a guerra ("determinam que se faça uma boa guerra contra os referidos ingleses"). Paris exprimia por escrito o sentimento nacional que progredia através do reino. Essa vontade de resistir aos ingleses se manifestou nesses anos através da continuação das obras da muralha dita de Carlos V (que foi coroado rei em 1364). Em 1380, Carlos VI, consagrado em Reims, fez uma entrada triunfal em Paris. Mas essa aliança entre a cidade e o rei não conseguia esconder o clima de tensão que permanecia no burgo. Os burgueses e a monarquia permaneceram confrontados pelo mesmo problema financeiro permanente: como sustentar o esforço de guerra sem fazer com que os parisienses sofressem pressão fiscal (direta e sobretudo indireta) a ponto de se tornar insuportável? Em uma cidade esgotada por um surto de peste negra, enfraquecida pelas más condições econômicas, a menor convulsão podia dar origem a motins devastadores. Em novembro de 1380, os judeus se tornaram o alvo (os bodes expiatórios) do descontentamento popular. Em dezembro de 1381, Hugues Aubriot, na época o preboste do rei, foi acusado e atacado por uma turba que agrupava estudantes, burgueses e eclesiásticos. Nesse mesmo contexto ocorreu a chamada Revolta dos Malheiros (*Maillotins*), em março de 1382. A origem da sublevação de uma parte da população foi a recusa do pagamento dos impostos indiretos que pesavam grandemente sobre os pobres. Durante muitas semanas eles assumiram o controle de vários bairros e circulavam pelas ruas armados com pequenos malhos de chumbo (que deram o nome à revolta) e ocuparam a Prefeitura e o Arsenal. Da perseguição aos coletores de impostos passaram a atacar indiscriminadamente as casas dos burgueses ricos. Em janeiro de 1383, o exército real reprimiu brutalmente os amotinados. Em 21 de janeiro, no grande salão de seu palácio, Carlos VI puniu severamente a cidade, que perdeu toda a autonomia anterior, sendo suprimidos os cargos dos quatro vereadores e de preboste dos mercadores. Paris foi assim privada temporariamente de todas as suas liberdades municipais. Mas a cidade acabou tirando partido das lutas que ocorriam no interior do reino e da guerra civil (dos armagnacs contra os borguinhões), ambas ligadas às crises de loucura temporária do rei. Finalmente, a cidade recobrou o direito de nomear o preboste dos mercadores, sendo Jean Jouvenel o primeiro a retomar o cargo. João Sem Medo, o duque da Borgonha, prometeu o retorno da autonomia da administração municipal (ordenação real de 20 de janeiro de 1412), esperando ganhar assim a simpatia dos burgueses parisienses. O ano de 1413 foi dominado pelas revoltas populares dirigidas por Simon Caboche. Esse esfolador de profissão deu o nome ao chamado "movimento cabochiano", que impôs o terror aos bairros parisienses. Mesmo que fosse apoiado pela poderosa e temida Corporação dos Açougueiros, ele não passava de um instrumento político a serviço dos interesses de João Sem Medo. Durante a primavera e o verão de 1413, os cabochianos assumiram o controle da Bastilha, redigiram as chamadas Ordenações Cabochianas (entre 26 e 27 de maio), ordenaram a decapitação do preboste do rei, Pierre des Essarts (1º de julho) e determinaram que todos os parisienses deveriam usar seu emblema (um barrete branco). Toda essa violência provocou a reação da burguesia parisiense, que passou a apoiar o partido dos armagnacs. Mas a fuga de João Sem Medo (22 de agosto), a entrada triunfal de Charles d'Orléans e a repressão dos arruaceiros cabochianos não constituíram mais que um curto parêntese. Os armagnacs não conseguiram, ou não souberam conservar, o apoio de Paris. Os borguinhões insuflaram uma conspiração após a outra. Na noite de 28 de maio de 1418, as portas de Saint-Germain-des-Prés foram abertas para as tropas de Villiers de l'Isle-Adam, que massacrou muitas centenas de partidários do futuro rei Carlos VII. O assassinato de João Sem Medo, ocorrido em 10 de setembro de 1419 sobre a Ponte de Montereau por partidários dos armagnacs, somente serviu para reforçar a adesão dos parisienses ao novo duque de Borgonha (Felipe, o Bom). Este último obrigou o herdeiro do trono a assinar o tratado de Troyes (21 de maio de 1420), que tornou o rei da Inglaterra, Henrique V, o herdeiro da coroa da França. Paris caiu nas mãos dos ingleses. A partir de 1º de dezembro de 1420 e durante dezesseis anos, a cidade permaneceu ocupada pelas tropas de Henrique V e depois do duque de Bedford (que se tornou regente a partir de 1422). Embora menos de duzentos soldados se achassem presentes (principalmente guarnecendo a Bastilha, o Louvre e Vincennes), eles obtiveram a submissão e mesmo o apoio da universidade e da burguesia, que julgavam estar assim defendendo os melhores interesses parisienses. A sagração de Carlos VII em Reims, em 17 de julho de 1429, o tratado de paz assinado em Arras (21 de setembro de 1435) e a morte de Bedford enfraqueceram consideravelmente as posições dos ingleses e borguinhões. Os atos do jovem rei com relação à população parisiense (especialmente a anistia incondicional e a constituição de um "partido francês") logo lhe granjearam o apoio de uma parte da população, que foi liderada por Michel de Laillier. A cidade foi retomada pelas tropas reais em 13 de abril de 1436.

> Em abril de 1436, Paris foi libertada. Uma revolta explodiu no dia 13, por instigação do borguinhão Jean de Villiers, senhor de l'Isle-Adam, o mesmo que havia exercido um papel importante na retomada de Paris das mãos dos armagnacs em 1418 e na defesa da capital contra as tropas francesas em 1429, do mesmo modo que por Michel de Laillier, conselheiro da Câmara das Contas. Seu objetivo era o de atrair os ingleses para a Porte Saint-Denis. O comandante francês, Richemont, aproveitou a confusão para forçar passagem pela Porte Saint-Jacques. A recepção da população foi calorosa. A guarnição inglesa e os "franceses renegados", os mais comprometidos com as tropas de ocupação, que se haviam refugiado na Bastilha, tiveram permissão para abandonar a cidade, sob as vaias e apupos da população. Esse acontecimento representou a destruição final da obra de Henrique V e de Bedford. A retomada de Paris restaurou a união do reino. Os tribunais se reunificaram. Mas o rei e seu Conselho de Estado permaneceram na região de Touraine. Carlos VII não perdoou aos parisienses os maus-tratos por que passara em 1418.

Em 12 de novembro de 1437, quando Carlos VII finalmente voltou a Paris, havia bem merecido seu novo apelido de Vitorioso. Contudo, foi necessário esperar o ano de 1453 para que verdadeiramente se concluísse essa longa Guerra dos Cem Anos.

Em que situação se encontrava Paris nessa metade do século XV? Alfred Fierro escreveu, com muita exatidão: "Paris retornou ao rei da França, mas a cidade voltou a ser novamente a capital da França?" Os sentimentos do rei para com o papel e o lugar de Paris oscilavam entre a desconfiança e o desafio. Mais concretamente, o centro do poder real sob Carlos VII e seu sucessor, Luís XI, se deslocava com as viagens e permanências do rei. Em 1461, depois de ser sagrado rei em Reims, o rei instalou seu governo nas cidades da região da Touraine. Mesmo sendo uma cidade temida, Paris tornara-se igualmente uma cidade esgotada. Durante mais de um século e meio, ela vivera no ritmo das guerras, dos assassinatos políticos e das reviravoltas de alianças. Paris sofrera também com a epidemia da peste negra (1348-1349). Esse flagelo (a peste bubônica, que fora trazida da Ásia central) se aliava à guerra que grassou por todo o reino entre 1347 e 1349. Ferida ainda por alguns invernos terríveis (os lobos chegavam a percorrer as ruas dos bairros em busca de comida) e por períodos de fome (entre 1420 e 1440), a cidade antes populosa perdeu aproximadamente cem mil de seus habitantes e numerosos quarteirões ficaram abandonados entre o final do século XIV e a metade do século XV.

Capítulo III

A CIDADE MODERNA (SÉCULOS XVI A XVIII)

1. A população parisiense

A capital se estendia agora no interior da muralha de Carlos V por uma superfície de 439 hectares. Esse espaço foi sendo reconstruído progressivamente após as décadas de guerra. As principais características do crescimento urbano foram a abertura de novas ruas, a edificação de muitas mansões e a sensível diminuição dos terrenos baldios. Foi durante os séculos XVI e XVII que se desenvolveram os *faubourgs*.[4] Estes últimos – especialmente os de Saint-Honoré, Saint-Martin e Montmartre – constituíam inicialmente um elemento de desagregação para a cidade murada. A oposição entre os burgueses da cidade e os moradores dos bairros afastados foi crescendo progressivamente. Além dessa rivalidade, havia a questão da falta de segurança. A muralha perdera sua eficácia quando as numerosas construções exteriores constituíram pontos de força, já que eram construídas em colinas mais ou menos elevadas e poderiam servir, portanto, como pontos de apoio para eventuais inimigos (ingleses ou espanhóis) ou para os cercos realizados durante guerras civis pelos próprios franceses.

A cidade era dividida em setores, distinguindo-se os "bairros da cidade" e os "bairros da polícia". Os bairros da polícia correspondiam à divisão da área urbana efetuada por ordem do Châtelet (sede do preboste da cidade) a fim de garantir a segurança da capital. Durante os séculos XVI e XVII, existiam dezesseis áreas urbanas nos dois grupos, cuja extensão variava consideravelmente. A divisão em vinte bairros só foi feita em 1702, durante o reinado de Luís XIV.

---

4. Contração de *faux bourgs*, "cidades falsas", designação de grandes núcleos populacionais que inicialmente não se achavam ligados à cidade propriamente dita senão por estradas mais ou menos descampadas. (N.T.)

O bairro constituía a célula básica para numerosas obrigações e atividades da vida parisiense (cobrança de taxas, defesa da cidade, limpeza das ruas, por exemplo). A principal figura desse conjunto administrativo era o quartilheiro (*quartenier*), também referido como "cabo de bairro". Durante muito tempo os bairros eram designados pelo nome do quartilheiro mais conhecido, mas a ordenação de 1588 modificou esse hábito, impondo nomes de caráter mais permanente, em geral o da igreja mais importante da área (veja a tabela abaixo).

Os dezesseis bairros:

1. Notre-Dame
2. Saint-Germain-l'Auxerrois
3. Saints-Innocents
4. Saint-Honoré
5. Saint-Eustache
6. Saint-Jacques-de-l'Hôpital
7. Saint-Jacques-de-la-Boucherie
8. Saint-Sépulcre
9. Saint-Martin
10. De la Grève
11. Cimetière Saint-Jean
12. Quartier du Temple
13. Saint-Gervais
14. Saint-Antoine
15. Sainte-Geneviève
16. Saint-Séverin

A determinação dos dados demográficos no século XVI constitui um problema no que se refere ao reino inteiro. As indicações dos embaixadores venezianos são aquelas que os demógrafos empregam com maior frequência. Uma das razões pelas quais essa fonte é importante é o fato de preencher o vácuo deixado pela destruição dos arquivos da prefeitura de Paris em 1871. A partir desses dados, é possível calcular que a população de Paris fosse de 250 mil pessoas no início do século XVI. No final do século, teria subido para 300 mil habitantes. A epidemia da peste negra de 1580, o cerco de Paris e as guerras religiosas explicam essa relativa estagnação. Já no século XVII ocorreu uma fase de progresso, e Paris contava então com aproximadamente 450 mil habitantes.

Foi somente no século XVI que a capital se tornou efetivamente uma possessão real. O preboste passou a ser pouco mais que o comandante do prebostado [o quartel da polícia].

Os reis começaram a se inquietar com sua importância e foram limitando progressivamente seus poderes. O caso mais conhecido é o do preboste Jean de la Barre durante o governo do rei Francisco I.

Ao mesmo tempo, os reis começaram a nomear um "governador de Paris e da Île-de-France"[5], encarregado do domínio militar e da responsabilidade pela ordem pública. Ele tinha jurisdição sobre a nobreza provincial e era também o principal magistrado da capital. Essa posição de destaque era ocupada por membros das famílias da alta nobreza (Bourbon, Montmorency, Rochefoucault). O antes poderoso bispo de Paris foi paulatinamente se tornando pouco mais que um adjunto do poder real.

A Maison aux Piliers, antigamente a sede da corporação dos vendedores de água, tornou-se, em 1357, o Escritório da Cidade. Os poderes municipais foram definidos pelo decreto de 1415. O escritório tornou-se responsável pelo aprovisionamento da cidade e pela cobrança de impostos, além do controle da localização dos burgueses de Paris e resultara da fusão do Grande Escritório com o Pequeno Escritório. O Pequeno Escritório era o elo entre o preboste dos mercadores, o procurador do rei, o preboste da cidade e os quatro vereadores. O Grande Escritório foi sendo estruturado ao redor desse primeiro conjunto, com o acréscimo de 24 conselheiros, designados por um corpo eleitoral formado por burgueses. A pedra fundamental da Prefeitura (Hôtel de Ville), na Place de Grève, foi lançada em 15 de julho de 1533. As obras foram iniciadas sob a direção do célebre arquiteto italiano Domenico da Cortona, apelidado "Boccador", e prosseguiram até 1628. Uma placa de mármore gravada com inscrições foi instalada no prédio para recordar sua fundação:

> O corpo administrativo da cidade, o povo e os nobres da cidade de Paris mereceram dele, Francisco I, rei da França, muito

---

5. Île-de-France era inicialmente o nome atribuído ao domínio real da dinastia capetiana a partir do século X. Seus limites variaram muito, correspondendo à zona de interesse econômico das corporações mercantis de Paris. Hoje, a província da Île-de-France compreende oito departamentos e é uma das 26 regiões administrativas da França. (N.T.)

poderoso, que lhes comandasse e confiasse a construção deste edifício, destinado às assembleias e ao governo dos negócios públicos, no ano da graça de Nosso Senhor Jesus Cristo de 1533, a 15 de julho. Gravado em 1533, em 13 de setembro. Pierre Viole, preboste dos mercadores, Claude Daniel, Jean Barthélemy, Martin de Bragelogne e Jean Courtin, vereadores, Domenico da Cortona, arquiteto.

A partir do lançamento da pedra fundamental do edifício, a construção passou por um certo número de vicissitudes, suspensões e retomadas, de acordo com as circunstâncias do momento, segundo a paz, segundo a guerra, dependendo do dinheiro mais ou menos abundante. Encontramos os vestígios dessas flutuações nos documentos dos arquivos e particularmente nas atas das deliberações do Escritório da Cidade. Essas são, por assim dizer, as diferentes etapas da edificação; elas seguiram um curso quase normal desde 1533, data do início das obras, até 1628, época de sua conclusão.

As guerras religiosas – Paris foi afetada pelas Guerras de Religião de forma bastante duradoura. Os dogmas de Lutero e de Calvino foram refutados pela Sorbonne. Os enfrentamentos religiosos começaram com a morte de Jean Valière, queimado na fogueira em 8 de agosto de 1523. A Igreja reformada recebeu o apoio de Marguerite d'Angoulême, rainha de Navarra, após seu casamento com Henrique IV. Temendo a influência crescente de Nicolas Cop, João Calvino e Gérard Roussel e após terem sido afixados cartazes na porta da câmara do próprio rei, em Amboise, Francisco I organizou uma áspera repressão. O rei abandonou sua atitude anterior de soberano tolerante e iniciou uma luta implacável. Em Paris, sucederam-se as perseguições, as procissões antiluteranas e as fogueiras em que eram queimados vivos os hereges. O rei Henrique II acentuou ainda mais essa guerra. Foi adversário inflexível do protestantismo parisiense. A 8 de outubro de 1547 foi criada a "Câmara Ardente" para julgar e condenar à morte os heréticos. Em 1551, o édito de Chateaubriand proibiu a impressão de toda obra religiosa que não portasse o aval dos teólogos da Sorbonne. O édito de Compiègne (24 de julho de 1557) proibia a permanência dos súditos em Genebra e a posse de livros sacrílegos. Mesmo assim, a persistência de uma forte comunidade protestante (cerca de vinte mil parisienses) e a continuação de suas assembleias no templo de Poppincourt, na casa do Patriarca ou nas capelas do Pré-aux-Clercs [Campo dos Clérigos] provocaram a cólera do partido católico, liderado pelos Guise. O massacre de São Bartolomeu desencadeou o que se convencionou chamar de Quarta Guerra Religiosa (1572-1573). A partir da aurora do dia 24 de agosto de 1572, Paris sofreu seis dias de horror; cinco a seis mil pessoas (protestantes e católicos) foram vítimas dessa carnificina que se estendeu para o resto do reino; o incêndio ateado por essa brasa fez a capital sofrer durante vinte anos. A tentativa de conciliação de Henrique III com seu parente protestante, o rei de Navarra, provocou o fortalecimento da Liga de Defesa da Santa Igreja Católica. A partir de maio de 1588, Paris tornou-se uma fortaleza comandada por Henri de Guise, com o apoio dos jesuítas e dos franciscanos. Seu assassinato e depois o do rei Henrique III (1º de agosto de 1589) colocaram a cidade em oposição direta a Henrique de Valois, o rei de Navarra, futuro Henrique IV. Paris foi cercada durante cinco anos, considerando-se uma cidadela católica assediada pelos huguenotes protestantes. A cidade passou por grandes sacrifícios para resistir. Os parisienses passavam fome e comeram cães, gatos e ratos... mas não cederam. O número de mortes provocadas pelo cerco mais frequentemente mencionado é o de trinta mil. Por fim, Paris foi politicamente conquistada por meio da conversão de Henrique IV ao catolicismo. O ditado é famoso: "Paris vale uma missa". A 22 de março de 1594, Henrique IV foi recebido pela cidade esgotada.

> O estado da cidade era deplorável, poucas casas permaneciam inteiras, a maior parte delas se achava desabitada, e os campos ao redor desertos e sem cultura. Todavia, Paris não tardou a renascer.

2. O renascimento urbano

Depois de um longo tempo em que estivera em desgraça perante os favores reais (porque o rei instalara seu governo nos castelos localizados nas margens do rio Loire), Paris retomou seu lugar central após a coroação de Francisco I, em 1528.

Ainda no início de um século cuja juventude permite acreditar no progresso e nos benefícios da expansão, do mesmo modo que favorece a opinião de um estadista no sentido de que é capaz de dominar os fenômenos socioeconômicos, Francisco I se regozijava com a explosão urbana de Paris e sentia grande orgulho dela. Mais ainda, ele se interessou ativamente por alimentar tal desenvolvimento, e, no ano de 1543, abriu loteamentos em todas as grandes extensões de terrenos baldios que ainda possuía na cidade, seguindo assim o exemplo de Carlos V e contrariando o dogma da inalienabilidade dos domínios reais. Além disso, mandou abrir a Porte de Buci na muralha junto ao bairro de Saint-Germain, uma decisão que causou grande impulso nas construções já bastante ativas ao redor da velha abadia.

Sob o governo de Francisco I, a cidade passou por um período de embelezamento. Foi também nessa primeira metade do século XVI que o rei mandou imprimir os primeiros mapas exatos da capital.

A influência real se manifestou através de uma corrente humanista e da ascensão da arte renascentista italiana em lugar do gótico. O rei iniciou dezenas de projetos arquitetônicos que só foram concluídos no final do século XVI ou até mesmo na metade do século XVII. Além da construção do Hôtel de Ville, anteriormente mencionado, ele mandou acrescentar a ala ocidental no palácio do Louvre. Pierre Lescot, seu arquiteto, assinalou por meio dessa obra o início do período de inspiração pelo novo estilo da Renascença. No espaço antes ocupado por uma fábrica de telhas, o Clos des Tuileries, Catarina de Médici ordenou a construção de um palácio, em 1564. Philibert de l'Orme foi escolhido para ser o primeiro arquiteto do pavilhão central, sucedido mais tarde por Jean Bullant. Mas a regente não chegou nunca a residir no seu palácio. Em 1570, ela decidiu mudar-se para uma localização mais segura: a Mansão de Soissons (hoje a sede de Bolsa Comercial). Não obstante, as Tulherias podem ser consideradas como uma nova etapa no crescimento da cidade, favorecendo a ocupação do espaço exterior à cinta de muralhas.

O rei decidiu construir ou restaurar um número impressionante de igrejas. A variedade de gótico denominada "estilo flamejante" (*flamboyant*) caracterizava a maior parte dessas realizações, sendo as mais conhecidas as igrejas de Saint-Merry, Saint-Eustache e Saint-Victor.

Na margem esquerda, dois bairros (Sainte-Geneviève ou Quartier Latin e Saint-Séverin) continuavam abrangendo os pontos essenciais da vida intelectual e universitária. A população dessas áreas era formada principalmente por eclesiásticos, catedráticos e estudantes. Os colégios, que descrevemos como antigas pensões de aspecto miserável nos séculos XII e XIII, se transformaram em autênticos lugares de ensino e escolas de humanismo (onde se aprendia, entre outras coisas, latim, grego e hebreu), que passaram a receber a partir dessa época também os estudantes favorecidos por melhores condições financeiras. Foi nessa época que tais estabelecimentos começaram a ser frequentados pelos filhos das grandes famílias (tanto da nobreza como da alta burguesia). Em 1556, foi fundado o Colégio Sainte-Barbe. Em 1530, Francisco I ordenou a criação do Colégio dos Leitores Reais. A Companhia de Jesus conquistou, a partir da metade do século XVI, uma posição muito influente através das disputas entre os colégios. Esse foi o espaço em que logo se manifestou a "revolução da escrita" (tipografias e lojas de livreiros). Na Rue Saint-Jacques, a loja denominada Soleil d'Or foi o ponto principal da impressão de textos de teologia e de direito. As oficinas tipográficas, de encadernação e de douradura se distribuíam ao longo das ruas de Saint-Jacques ou de Montorgueil.

Nesse século e no seguinte, o problema central foi justamente o crescimento da cidade. A questão da extensão dos bairros e do aumento da população não pode ser dissociada do temor do rei de que a cidade pudesse crescer a ponto de a população se tornar incontrolável, ao mesmo tempo que sua vontade era a de estabelecer um equilíbrio mais global entre Paris e as províncias.

Iniciadas por Francisco I, as novas muralhas só foram completadas na época de Luís XIII. Essas fortificações intercaladas com bastiões protegiam exclusivamente a margem direita, desde a Porte de la Conférence (de entrada e saída de mercadorias) até a Porte Saint-Denis. Serviram principalmente para integrar à cidade o bairro de Saint-Honoré e o bairro que se desenvolvera ao redor da Rue Richelieu.

> A cidade de Paris, situada no centro de uma bela planície, sem montanhas ou colinas importantes em seus arredores, possui uma localização perfeita. Sem contar os bairros, a cidade possui 3.820 passos de comprimento em linha reta (segundo a medida de Roma) e 3.650 de largura; cada um dos bairros tem mais ou menos a extensão de mil passos. O bairro de Saint-Jacques, através do qual se entra na cidade, ultrapassa os demais por 1.740 passos; da mesma forma que o bairro de Saint-Marcel e o de Saint-Germain, que é o maior de todos, é quase uma cidade; antes das últimas guerras, sua população era de dezoito mil almas, segundo se diz. A cidade tem catorze portas, cinco delas construídas totalmente em alvenaria. (Trecho da descrição de Paris por Francisco Grégory d'Ierni, em 1599.)

O reinado de Henrique IV constituiu um período de importantes modificações na paisagem da capital (construção de hospitais, fontes e pontes e abertura de praças e novas ruas). Através de Maximilien de Sully e de François Miron (preboste dos mercadores entre 1604 e 1605), o rei impulsionou e concretizou numerosos projetos. Essas operações arquitetônicas se destinavam a fazer Paris "respirar", abrindo espaços, facilitando a distribuição de água e melhorando a circulação em geral. Um exemplo que pode servir de emblema da concepção do rei: a Pont-Neuf, cujas obras, iniciadas em 1578 ainda por Henrique III, só se completaram em julho de 1606. Foi uma das obras mais originais, assinada pelo arquiteto Baptiste Androuet de Cerceau. Ela estabeleceu a primeira linha direta (270 metros) entre as duas margens do rio. Apresentou também a peculiaridade de ser a primeira ponte sobre a qual não foi permitida a construção de casas, segundo o costume reinante, sendo equipada com duas calçadas largas cujas pedras se erguiam acima do pavimento central. Além de tornar-se um eixo de circulação da maior importância, passou a ser um lugar de passeio. Após a morte de Henrique IV, Jean de Bologne fundiu uma estátua equestre do rei. A Pont-Neuf permanece até hoje como um traço de união no coração da cidade ("A

Pont-Neuf é para a cidade o que o coração é para o corpo humano", segundo Louis-Sébastien Mercier). Rio acima, a reunião da Île de Notre-Dame e da Île aux Vaches, em 1614, permitiu a edificação da Ponte Marie (chamada pelo sobrenome do engenheiro encarregado de sua construção).

Outro traço notável da história monumental de Paris sob o reinado de Henrique IV foi a abertura das praças. Entre a nova ponte e o Palais Royal, o rei decidiu, no ano de 1607, a abertura da rua e da Place Dauphine. Essa foi a maneira encontrada pelo rei para homenagear o delfim, seu filho e herdeiro do trono, então com seis anos de idade, que viria a ser o futuro Luís XIII. A praça tem a forma de um triângulo isósceles, cujo vértice aponta para a Pont-Neuf. Os nomes de três arquitetos se acham ligados a essa realização prestigiosa: Jacques Androuet, Claude Chastillon e Louis Métézeau.

Na margem direita, foi aberta a Place Royale, um quadrilátero de 144 metros de cada lado, construído no terreno em que antes fora erguida a antiga Mansão de Tournelles (em que haviam morado Carlos VII e Luís XI). Ela nasceu da vontade formalmente expressa pelo rei Henrique IV em um édito proclamado em 1605:

> O édito de julho de 1605 apresentou uma agenda de mudanças que os arquitetos e os futuros proprietários deveriam respeitar: nove pavilhões construídos sobre os quatro lados de uma praça quadrada, com fachadas de tijolos reforçadas por camadas de pedra. Por trás das fachadas uniformes, cada um terá o direito de construir sua residência como melhor lhe parecer.

A praça só foi completada em 1612, dois anos após a morte do rei. Nesse mesmo ano, ela serviu como palco para as festividades realizadas em honra do casamento de Luís XIII. Em 1639, foi levantada uma estátua do rei no meio da praça.

Alguns meses antes de seu assassinato, Henrique IV tentou construir uma terceira praça nos terrenos pantanosos que ficavam entre o Marais e a muralha. Tal empresa foi confiada a Claude Chastillon e a Jacques Alleaume. As obras foram suspensas em 1610. A Place de France, infelizmente, permaneceu só nos planos. A esses projetos de embelezamento se acrescentou a construção da Samaritana (uma bomba hidráulica situada sobre a Pont-Neuf, que permitiu uma melhor difusão das águas do rio através da capital) e a restauração de numerosos hospitais (o Hôtel-Dieu, o Hospital de Caridade [Charité] e os hospitais de Sainte-Anne e de Saint-Louis).

Durante seu reinado, Luís XIII prolongou as ações de seu pai. Sob a direção do arquiteto Salomon de Brosse, a regente Maria de Médicis ordenou a construção, em 1615, do Palácio Médicis (cujo nome foi mudado mais tarde para Palais de Luxembourg), segundo o modelo do Palazzo Pitti de Florença, além de concluir diversos monumentos parisienses. Richelieu, o primeiro-ministro, dirigiu, de 1624 a 1636, a construção de um novo palácio (o Palácio do Cardeal, cujo nome foi depois modificado para Palais-Royal). Em 1622, uma data decisiva em sua história, Paris se tornou a sede de um arcebispado.

Durante o século XVII, também se formaram novos bairros. As construções impulsionadas por Marguerite de Valois na área do Pré-aux-Clercs e a reconstrução e renascimento da Pont-Royal se encontram na origem do elegante bairro de Saint-Germain. Os bairros de Saint-Jacques e de Saint-Honoré se ampliaram. O bairro do Marais se desenvolveu pela atração da recém-aberta Place Royale. Os ricos financistas se instalaram na parte oriental da Île Saint-Louis, o que deu origem ao desenvolvimento de novos espaços (criação de loteamentos), cada vez mais submetidos a especulações.

3. A cidade de Luís XIV e de Luís XV

Paris é uma construção dos reis e uma cidade impressionante para o resto do reino. Vincent Milliot estudou esse fenômeno através dos relatos dos viajantes:

> Já no Antigo Regime, a presença de Paris esmagava todas as demais cidades do reino, tanto por sua massa demográfica como pela suntuosidade de seus espetáculos monumentais. Todos esses símbolos de poder abertos ao espaço ou inscritos na pedra para satisfazer a sede de construção monárquica e religiosa serviam para nutrir os mitos e impressionar os espíritos. A história da cidade se confundia com a Gesta dos Reis da França e as

conquistas do catolicismo. Farol de um mundo urbano restrito, localizado no seio de uma França majoritariamente rural, este "vasto mundo de Paris" afirmava ainda sua originalidade como o lugar de uma intensa circulação dos homens e das coisas.

O último quarto do século XVII e o século XVIII confirmaram a posição excepcional desse lugar na história do reino.

Paris foi a cidade em que se desenvolveu a Fronda (partido dos parlamentares e dos nobres), a chama que acendeu um novo período de inquietações (1648-1652). Aproveitando-se da menoridade do rei (nascido em 1638) e do descontentamento popular com o aumento dos impostos (pelo édito da Toesa[6]), o Parlamento de Paris enfrentou o cardeal Mazarin, então primeiro-ministro. Depois do Dia das Barricadas (26 de agosto de 1648), que colocou nas ruas muitas centenas de parisienses, a Corte se retirou para Saint-Germain-en-Laye e tomou a decisão de mandar o exército real, comandado pelo príncipe de Condé, para assediar mais uma vez a cidade.

> Barricadas eram coisa que não se via na cidade desde o mês de maio de 1588, mas a lembrança dos eventos de então tinha sido transmitida muito claramente. Em 26 de agosto de 1648, a Liga Católica retomou as memórias fantasmagóricas daquela época e armou braços e peitos com couraças e armamentos que tinham estado adormecidos durante sessenta anos nos sótãos, nos porões e nas adegas.

A paz assinada em Rueil (março de 1649) e o retorno da Corte a Paris (18 de agosto) apenas adiaram por algumas semanas a Fronda dos Príncipes. A aliança entre o príncipe de Condé, o príncipe de Conti, o cardeal de Retz e o duque de Longueville lançou a cidade em uma nova fase de desordens. O jovem rei foi obrigado a fugir segunda vez de Paris. Em 2 de julho de 1652, o bairro de Saint-Antoine, ainda localizado fora das muralhas, foi o palco de violentos combates entre os exércitos de Turenne e de Condé. Mademoiselle de Montpensier (chamada de "Grande Mademoiselle"), filha de

---

6. Medida agrária que foi usada na ocasião para calcular o imposto predial. (N.T.)

Gaston d'Orléans, deu a vitória a Condé ao mandar disparar o canhão da Bastilha e abrir a Porte Saint-Antoine. Dois dias mais tarde, Condé se opôs à municipalidade de Paris e ordenou a suas tropas abrirem fogo contra a multidão reunida diante da prefeitura. Contudo, foi tão grande a hostilidade da burguesia parisiense que o príncipe de Condé acabou por deixar a capital (13 de outubro de 1652), indo buscar refúgio nos Países Baixos, então uma possessão espanhola. Mais uma vez, Paris festejou a entrada de um rei através de suas muralhas. Em 21 de outubro, Luís XIV e sua esposa, Ana da Áustria, foram aclamados pelos parisienses. As grandes festividades realizadas em honra do rei não bastaram para apagar os traços profundos dos acontecimentos dramáticos que ele assistira. Por motivos de segurança evidentes, Luís XIV preferiu instalar-se no Louvre e não no Palais-Royal. Mas ele continuou morando em Paris até 1671. A 10 de fevereiro de 1671, o rei abandonou a capital e se mudou para seu novo Palácio de Versalhes. Em partir de então, o centro do poder real e a Corte permaneceram a várias dezenas de quilômetros de distância. Mas isso não impediu que a cidade continuasse a crescer e a se embelezar durante o reinado de Luís XIV.

> Com quatrocentos a quinhentos mil habitantes, Paris continuava sendo a capital, à qual Colbert esperou por muitos anos poder reconduzir seu soberano. Em 1673, em uma carta famosa, ele o repreendeu por preferir Versalhes a Paris, onde seus ministros e cortesãos conservaram suas residências principais durante todo esse tempo. Todas as grandes instituições, a Corte Suprema, o Parlamento, a Justiça e a polícia, as academias, os estabelecimentos científicos e a manufaturas reais permaneceram entre seus muros. Mas é de Versalhes e do Conselho Privado do rei que emanavam todas as decisões governamentais. Por outro lado, aquilo que Colbert escreveu em sua célebre *Instrução* dirigida a seu filho Seignelay permanecia verdadeiro vinte anos depois, apesar da instalação definitiva do rei em Versalhes: "Uma vez que Paris é a capital do reino e a residência dos reis, é certo que todos os negócios que se realizam fora começam primeiro dentro dela..."

Durante os anos parisienses do rei, a cidade passou por importantes transformações. Colbert, que era o superintendente das construções, nutria o sonho de transformar sua capital em uma nova Roma. Essa era a principal razão por que buscava prender o rei à sua cidade e ligar o nome de Paris e de seus habitantes à potência do poder monárquico. Para levar a cabo seus projetos, Colbert teve o apoio do lugar-tenente da polícia da cidade, Nicolas de la Reynie. Esses dois homens conjugaram esforços para atender às exigências da grandeza e da higiene. As grandes obras realizadas em tal período se enquadraram sempre nesse duplo propósito. Os principais arquitetos que deram nome a estas construções foram Louis Le Vau (1612-1666), François d'Orbay (1634-1697), Libéral Bruant (1637-1597) e Jules Hardouin-Mansart (1646-1708).

O Pátio Quadrangular do Louvre (primeiro a ala norte e depois a ala sul) foi completado. O arquiteto e escultor italiano Bernini não conseguiu impor seus pontos de vista e foi Claude Perrault que dirigiu a edificação da célebre Colonnade [Colunata], em 1670. O palácio das Tulherias foi aumentado pelo pavilhão norte, desenhado por Le Vau, e o magnífico jardim idealizado e construído por Le Nôtre. O Hospital dos Inválidos, construído depois do Hospital Geral (chamado vulgarmente de Salpêtrière), tinha por missão abrigar os soldados feridos em combate. No centro da planície de Grenelle, esse esplêndido conjunto arquitetural (completado por duas igrejas) abriu as portas em 1674. Duas grandes praças foram abertas e ajardinadas em honra do rei. Esse urbanismo cortesão pode ser visto ainda hoje na Place des Victoires, construída em 1689, e na Place Vendôme, completada em 1698, ambas realizadas por iniciativa do marechal de La Feuillade e projetadas por Louvois.

> Todas essas realizações foram portanto a obra de cortesãos. Tudo o que foi construído em Paris nessa época era centralizado na pessoa de Luís XIV, a quem alguns indivíduos faziam todo o possível para agradar. Em resumo, a pessoa real eclipsava as preocupações de um verdadeiro urbanismo, se é que alguma havia, e a comparação de Paris com a Roma antiga deriva assim diretamente dessa necessidade de adulação.

Sob o reinado de Luís XIV, Paris se transformou em cidade aberta. Os sucessos militares da França nas fronteiras pareciam garantir a segurança da capital. No final da década de 1660, a França mantinha o maior exército da Europa e, por meio da assinatura do Tratado de Aix-la-Chapelle, em maio de 1668, acabara de anexar Lille e uma parte de Flandres. Trinta anos depois de ter sido completada a construção das muralhas reforçadas com bastiões (a Enceinte des Fosses-Jaunes), o rei mandou demolir as fortificações. Essa decisão (decreto de 7 de junho de 1670) é importante por ter demonstrado uma mudança de orientação completa. O traçado das antigas muralhas deu lugar aos grandes bulevares parisienses. A partir de então, a cidade usufruiu de vastas avenidas de circulação com árvores plantadas à beira das calçadas (le Nouveau Cours [o Novo Passeio Público]). Em 1672 e 1676, dois arcos de triunfo (nas portas de Saint-Denis e de Saint-Martin) celebraram as determinações do rei.

> A Porte Saint-Denis, erguida no início da rua do mesmo nome, a "Via Real" da Paris de então, que levava da basílica de Saint-Denis à Île de la Cité, foi construída às custas da cidade, em 1672. Exaltava as vitórias do exército do rei nas fronteiras do Reno e as quarenta praças fortificadas que haviam sido conquistadas em menos de dois meses. Com uma arquitetura demasiado pesada e sem a ornamentação de colunas, o conjunto é desgracioso; os baixos-relevos executados pelos irmãos Anguier, ilustrando a passagem do Reno na face voltada para Paris e a tomada de Maastricht do lado oposto, e as pirâmides cobertas de troféus dão um pouco de vida ao primeiro dos arcos de triunfo parisienses. A Porte de Saint-Martin foi totalmente projeto de Blondel, mas a obra foi executado por seu aluno Pierre Bullet, em 1674. Comemorava a tomada de Besançon e a derrota dos exércitos alemão, espanhol e holandês. Ela inclui três espaços rebaixados retangulares, emoldurados e cobertos por baixos-relevos, assinados por Desjardins, Marsy, Lehongre e Legros. O rei está representado como Hércules, pelado, mas de peruca.

A cidade ganhou ainda mais espaços nos bairros. Em consequência dessa situação, o novo tenente-geral da polícia,

Marc-René Le Voyer de Paulmy d'Argenson, aplicou o decreto real de 12 de dezembro de 1702, dividindo a cidade em vinte bairros, os *quartiers*.

Com a morte do rei, em 1715, a Regência determinou um rápido retorno para a capital do jovem rei, então com cinco anos, o que ocorreu em 12 de setembro de 1715. Durante alguns anos, Paris voltou a ser a cidade da Corte e dos prazeres. Contudo, nada seria mais falso que a afirmação de que a cidade havia esperado 1715 para recomeçar a se divertir. Já há muitos anos se realizavam espetáculos de teatro nas numerosas salas construídas para o popular "jogo de pela". Em 1643, a companhia de Jean-Baptiste Poquelin se instalou da Rue Mazarine. A Comédia Francesa, criada em 1681, ocupou a sala do jogo de pela de l'Étoile, na Rue des Fossés-Saint-Germain. Os jardins particulares ou públicos, as pontes e os pátios calçados eram espaços dedicados à distração e aos passeios. O Jardin Royal des Plantes Médicales (Jardin des Plantes, o Jardim Botânico), as Tulherias, o Cours-la-Reine [Passeio da Rainha] e a Pont-Neuf, entre outros, estão na moda e recebem milhares de parisienses que vêm exibir suas roupas, passear entre as barracas dos vendedores ou aplaudir as representações dos saltimbancos. No último quarto do século XVII, a burguesia parisiense prova as delícias do café no Procope, um estabelecimento fundado em 1686 pelo italiano Francesco Procopio dei Coltelli.

Ao regozijo se juntou o drama econômico: o projeto do escocês Law colocou novamente Paris (mais particularmente a Rue Quincampoix, onde ficava a matriz do Banco Geral da França) no proscênio do palco. Durante quatro anos (entre 1716 e 1720) a capital viveu no ritmo dos projetos financeiros (fundaram-se novos bancos e foram criadas as cédulas de papel-moeda) e da derrota final do rico financista, amigo do duque de Orléans.

O bisneto do Rei-Sol [Luís XIV] deixou sua marca em Paris com a instalação, entre o Passeio da Rainha e as Tulherias, de uma estátua equestre do próprio Luís XV (futura Place de la Révolution e depois Place de la Concorde), inaugurada em 20 de junho de 1763. Em 30 de maio de 1770, foi realizada uma grande festa nesse espaço por ocasião do casamento do delfim com a jovem arquiduquesa austríaca Marie-Antoinette.

Foi um dia de muitos divertimentos, com o grandioso lançamento de fogos de artifício, seguido de consternação, porque a alegria da multidão terminou em empurrões e numa anarquia geral que provocou diversas mortes por esmagamento. O reinado de Luís XV trouxe algumas inovações para a paisagem parisiense. A Escola Militar, tão desejada por Madame de Pompadour, foi construída em 1773 por Ange-Jacques Gabriel; a Escola de Cirurgia, em 1775, por Jacques Gondoin. O Hôtel des Monnaies [Casa da Moeda] foi terminado em 1768 por Jacques-Denis Antoine, inaugurando o estilo chamado Luís XVI. A construção do Panthéon [Panteão], no antigo lugar da igreja de Sainte-Geneviève, ocupou grande parte da segunda metade do século XVIII. Mais de trinta anos se passaram entre a aprovação dos planos de Soufflot, em 1757, e a execução dos trabalhos, às vésperas da Revolução de 1789. Paralelamente, a cidade apresentou uma extensão notável em direção ao oeste, com o desenvolvimento do bairro de Roule e a prolongação da passagem arborizada dos Champs-Élysées [Campos Elíseos] a partir da Rond-Point [Curva Redonda] até a Butte-l'Étoile [Colina da Estrela] e depois até o Sena. A questão dos limites de Paris e da separação entre a cidade e os bairros era uma preocupação constante do poder real, que temia o crescimento anárquico e tinha ainda mais medo do aumento constante da população parisiense. Os decretos reais não conseguiam diminuir o ritmo, que dirá interromper o movimento de expansão para as periferias.

Na cidade, durante todo o decorrer do século XVIII, a paisagem urbana também foi sendo transfigurada por uma sucessão de modificações provocadas pelos decretos reais, por decisão do prebostado ou por iniciativas individuais. A fisionomia das ruas se modificou aos poucos. Placas de ferro branco ou de pedra foram colocadas nas esquinas para indicar o nome das ruas e números foram atribuídos a cada moradia a fim de facilitar sua identificação. As prioridades (higiene, segurança, melhoria da circulação urbana) definidas pelos "lugares-tenentes da polícia" (Argenson, Sartine, Lenoir) foram sendo concretizadas. Foi ampliada a iluminação pública por meio de lampiões a óleo ao longo das últimas décadas do século. As bombas hidráulicas a vapor localizadas em Gros-

Caillou e Chaillot, construídas pela Companhia das Águas dos banqueiros Périer, em 1777, aperfeiçoaram os circuitos de distribuição de água potável e a alimentação dos banhos públicos. As invenções de Nicolas Sauvage e Blaise Pascal facilitaram os deslocamentos a cavalo entre os bairros (fiacres, carruagens cobertas, cabriolés). As cadeirinhas transportadas por servos desapareceram e, por volta de 1750, mais de dez mil carruagens de aluguel livre ou de linhas determinadas já circulavam pela capital. A multiplicação das bombas hidráulicas contra incêndios e a organização do corpo dos bombeiros (*les gardes des pompes du roy* [guardas das bombas do rei] por Antoine-Gabriel de Sartine (1729-1801) garantiram mais segurança aos habitantes diante do perigo constante de incêndios (em 8 de junho de 1781, a Ópera do Palais-Royal tinha sido consumida pelas chamas). A salubridade das ruas tornou-se uma das prioridade do prebostado. Por questão de higiene, carros-pipa e funcionários irrigavam todos os principais pontos de passagem de pedestres (passeios, pontes, calçadas etc.). A disposição das águas servidas era um problema crucial. O Bièvre, um curso de água localizado na margem esquerda e afluindo para o Sena, vinha sendo há séculos utilizado como esgoto a céu aberto. Tendo ocupado o cargo de preboste dos comerciantes durante onze anos, Michel Turgot foi o responsável pelo lançamento de grande número de obras importantes, entre elas a abertura de um canal e de um vasto reservatório (Rue des Filles-du-Calvaire).

4. A revolução da cidade

Seis anos após a proclamação de Luís XVI como rei da França, em 1780, Paris se encerra outra vez parcialmente, com a construção da muralha conhecida como dos Fermiers Généraux [Coletores de Impostos]. Os motivos principais dessa construção são estabelecer um controle sobre a circulação dos bens de consumo e cobrar um pedágio e uma taxa sobre as mercadorias vindas dos bairros para a cidade. Mas esse projeto não pode ser dissociado das questões do crescimento e definição dos limites da capital, anteriormente mencionadas. A cobrança da outorga [*octroi*], o imposto de passagem, ao mesmo tempo enriquece os cofres da cidade e estabelece uma demarcação física entre Paris e os bairros exteriores. A decisão do ministro real Anne-Robert Turgot (1727-1781), filho do antigo preboste dos mercadores, é um golpe evidente sobre a evasão de impostos. Os coletores de impostos obtêm assim a construção de uma muralha com postos de pedágio, que serve para acentuar o desafio e o descontentamento dos parisienses ("o muro que murou Paris faz Paris murmurar"). No exterior, foi determinado que nenhuma casa poderia ser construída a menos de cem metros desse novo traçado, que permaneceu sendo o limite administrativo da capital até 1860. A muralha percorria 25 quilômetros, com altura entre quatro e cinco metros e 56 portas com agências da coletoria (*propylées* de Paris[7]), desenhados pelo arquiteto Claude-Nicolas Ledoux (1736-1806). Alguns remanescentes dessas obras se encontram ainda em Denfert-Rochereau e na Place de la Nation.

> Alguém deseja avaliar o aspecto físico de Paris? Então suba às torres da Notre-Dame. A cidade é redonda como uma abóbora [*citrouille*]. O estuque que reveste dois terços das construções da cidade, alternadamente branco e preto, anuncia que ela foi construída com blocos de calcário e que repousa sobre jazidas de calcário. A eterna fumaceira que se ergue das chaminés inumeráveis esconde tudo, até mesmo as pontas agudas dos campanários; é como se fosse uma nuvem formada por cima do imenso casario e pode-se dizer que forma uma transpiração sensível da cidade. (Louis-Sébastien Mercier, Tableau de Paris, 1780.)

Nessa capital, que tinha agora entre 550 mil e 600 mil habitantes ou 3,5% da população do país na época (cerca de 25 milhões de franceses) e que era então a mais populosa da Europa, propagou-se a ideia da Revolução. Não é nossa intenção estudar a Revolução Francesa em Paris, mas apenas salientar os grandes momentos de uma história emoldurada por Paris.

---

7. Propileus eram os portões de entrada de um templo, anteriores ao pórtico, que entre os gregos e romanos eram geralmente formados por colunas ornamentais. (N.T.)

Contrariando a vontade expressa por meio da listas de queixas que lhe foram apresentadas pelos parisienses, Luís XVI reuniu os Estados-Gerais em Versalhes. Os parisienses se revoltaram durante os dias 12, 13 e 14 de julho. A demissão de Necker, o medo dos regimentos estrangeiros e a queda da Bastilha transformaram Paris ao mesmo tempo em atriz e modelo revolucionário. No dia 13, a prefeitura foi ocupada. La Fayette assume o comando da Guarda Nacional, cuja função é a defender a cidade. O acontecimento mais lembrado desse movimento – a tomada da Bastilha – foi um ato simbólico, cujo eco ressoou pelos campos franceses e reverberou em Versalhes. Foram a seguir assassinados Jacques de Flesselles, o preboste dos mercadores e o governador De Launay. Em 17 de julho, o rei se apresentou na prefeitura, após ter reconvocado Necker. Mas, desde 15 de julho, Jean-Sylvain Bailly já fora escolhido prefeito de Paris. O célebre astrônomo tornara-se representante da nova organização da cidade. A capital já lançara por terra os costumes e as instituições do Antigo Regime. Em 17, Bailly recebe o soberano em Chaillot (*"Sire*, eu trago a Vossa Majestade as chaves de sua boa cidade de Paris. São as mesmas que foram apresentadas a Henrique IV: ele havia então reconquistado seu povo e agora o povo reconquistou seu rei."). Era o dia da reconciliação? Luís XVI colocou no peito a roseta tricolor (azul e vermelho, as cores de Paris, juntamente com o branco real) e a municipalidade lançou o projeto de erguer uma estátua do rei na Place de la Bastille, a ser construída no lugar da fortaleza arrasada. Ou tudo não passava de um logro? Em 22 de julho, o chefe de polícia, Bertier de Sauvigny, representante legítimo do rei, foi preso enquanto estava a caminho da prisão e despedaçado pelo populacho.

Em 4 de outubro de 1789, os parisienses saíram em massa da cidade. A proteção real, esse espaço-tempo de algumas horas que mediava entre Versalhes e a capital, foi apagada em um único dia. A revolta da capital se manifestou contra as janelas de Versalhes. "O padeiro, a padeira e o padeirinho"[8] foram reinstalados nas Tulherias. Paris se impôs: a família real, o governo e a assembleia se mantiveram, a partir de então,

---

8. Termos irrisórios para designar o rei, a rainha e o delfim. (N.T.)

confinados ao recinto da capital. Essa posição e a função política de Paris foram definidas pelo decreto de 21 de maio de 1790, que estabeleceu os novos estatutos da cidade. Paris se emancipou do poder real. Ela foi dividida em 48 seções. O governo da municipalidade, que foi definida pelo artigo 5º (veja abaixo) passou a ser eleito por um colégio eleitoral restrito e composto apenas por cidadãos ativos. Cinco comissões receberam a missão de administrar os assuntos de polícia, as finanças, o abastecimento da cidade, os estabelecimentos públicos e as obras públicas.

> Artigo 5º: A municipalidade será composta por um prefeito, dezesseis administradores, 32 conselheiros, 96 notáveis, um procurador da comuna e dois substitutos que serão seus adjuntos e exercerão suas funções em falta dele.

Em 2 de agosto de 1790, Bailly se tornou definitivamente, após uma eleição formal, o prefeito de Paris. A lei lhe garantia um mandato de dois anos, até 11 de novembro de 1791. Ele foi sucedido, nesta ordem, por Jérôme Pétion, Philibert Borie, René Boucher, Nicolas Chambon e Jean-Nicolas Pache. Este último era um girondino aliado aos montanheses, e passou a ser conhecido pelo apelido de *Liberté, Égalité, Fraternité*, a divisa que mandou gravar em todos os edifícios públicos.

A oposição real à constituição civil da Igreja e a fracassada tentativa de fuga do rei tornaram mais pesado o clima parisiense. O soberano passou a ser mantido sob vigilância cerrada. Em 20 de junho de 1792, mais de vinte mil patriotas parisienses, vindos dos bairros de Saint-Antoine e Saint-Marceau, invadiram o palácio das Tulherias. Eles só concordaram em sair depois de obrigarem o rei a colocar um barrete republicano. Dentro desse contexto, instalou-se a Comuna Insurrecional, com 288 membros, em 10 de agosto de 1792, como resposta às ameaças do duque de Brunswick contra os parisienses. A partir de então, instalou-se o Terror na capital: suspeitas, prisão, julgamentos rápidos, guilhotina. Em 21 de janeiro de 1793 o rei foi levado ao cadafalso. Todos os lugares de culto foram fechados e foi estabelecida a censura sobre a imprensa e o teatro. A Comissão de Saúde Pública impunha suas decisões políticas à Comuna. A minoria revolucionária que governava a capital e a França encenou, no Champ-de-Mars, a grande Fête de l'Être [Festa do Ser Supremo], em honra a Robespierre. Diante da Escola Militar, foi levantado o Templo da Imortalidade. Nesse dia 20 de Prairial do ano II (8 de junho de 1794), parecia estar sendo celebrada uma manifestação de glória da Revolução, mas era de fato a introdução de seu último ano. No dia 8 de Termidor (26 de julho de 1794), a Convenção decreta a prisão de Robespierre, Saint-Just, Couthon e Lebas. As últimas horas do movimento foram representadas entre as Tulherias, o Quai des Orfèvres, onde ficava a administração da polícia revolucionária, e o Hôtel de Ville (prefeitura). A guilhotina foi retirada da Place du Thrône-Renversé para ser novamente erguida na Place de la Révolution. A queda da lâmina que derrubou a cabeça de Robespierre anunciou a "reação termidoriana" e a instalação da República Burguesa (1794-1799). Mas os parisienses ainda permaneceram os principais atores da vida política até o final da vigência da Convenção, o período chamado de "Diretório". Simbolicamente, a Place de la Révolution teve seu nome mudado para Place de la Concorde, em 14 de julho de 1795, mas a cidade passava por um período de grandes dificuldades devido à falta de alimentos e às tensões permanentes e sempre fortes entre os republicanos e os monarquistas. Duas vezes, em 1º de abril e em 20 de maio de 1795, a Convenção foi forçada a enfrentar as insurreições dos habitantes dos bairros populares centrais e dos bairros afastados (a Revolta dos "Ventres Creux" [Barrigas Vazias]). Esses motins foram sem dúvida causados pela fome, mas foram reprimidos severamente pelos exércitos comandados por Pichegru e Legendre. O bairro de Saint-Antoine, principal núcleo dessas revoltas, foi cercado e revistado casa a casa em busca de armas. No dia 13 de Vendemiário (5 de outubro de 1795), os realistas se revoltaram contra a Convenção. Outras reivindicações, originadas sobretudo nos quarteirões da margem direita ao longo e ao redor das ruas Saint-Honoré e Richelieu, deram origem a mais essa sublevação. Os monarquistas foram derrotados pelas tropas do jovem Bonaparte. A ordem foi restabelecida na capital. O decreto de 11 de outubro de 1795 (a antítese do decreto que apresentava o projeto de governo de 1790) colocou a cidade sob a superintendência de um Diretório Executivo. Paris foi novamente dividida, agora em doze municipalidades, cada uma com quatro seções e com escritórios centrais encarregados dos assuntos policiais e do abastecimento. Era o medo da principal cidade francesa que agora inspirava diretamente a lógica do desmembramento. Foi um princípio simples e duradouro, que inspirou as diferentes formas de governo experimentadas (império, monarquia e república): a unidade municipal é perigosa. O Consulado e depois o Império conservaram tal política. Não se pode esquecer que foi em Saint-Cloud, longe das eventuais revoltas parisienses, que se organizou o golpe de estado do Dezoito de Brumário.

Capítulo IV

A grande cidade do século XIX

1. A cidade imperial

Durante a Revolução, Paris não passou por grandes mudanças arquitetônicas. Paradoxalmente, o que chamava mais a atenção era o grande vazio provocado pela emigração. Numerosas mansões particulares e edifícios religiosos foram abandonados. A Comissão dos Artistas (Verniquet, Wailly, Pasquier e Gombault, entre outros), encarregados pela Convenção, em 1793, de apresentarem propostas com vistas à abertura de novas vias, singularmente deixou de tomar partido desse contexto singular. Teria sido muito fácil para eles aproveitar a ausência dos proprietários para sugerir desapropriações e demolições que permitissem a abertura de ruas. Nenhuma obra foi iniciada e dos trabalhos dessa comissão, dissolvida em 1797, resta apenas um projeto de plano, o chamado "plano dos artistas".

Durante o Primeiro Império, a cidade passou por um renascimento evidente. Nesse período, "renascimento" rimava com "vigilância". Napoleão suprimiu a administração autônoma da cidade. Na verdade, ele criou doze prefeitos distritais para os *arrondissements*, mas não havia um prefeito de Paris [*maire*] estabelecido no Hôtel de Ville. O Conselho Municipal havia se transformado em pouco mais que um órgão de registro das decisões ministeriais. Foram criados dois *préfets* (o prefeito do Sena e o da polícia), encarregados dos negócios comunitários. O administrador do Sena (Frochot e depois Chabrol de Volvic) se tornou o personagem central da organização e da gestão parisiense, a figura a quem cabia o maior poder.

Em 1804, a capital tinha menos de 580 mil habitantes, em consequência das perdas sofridas durante os anos da Revolução. Inversamente, o Império se achava em uma fase de crescimento demográfico (setenta milhões de habitantes em 1814).

De uma forma global, essa década imperial correspondeu à finalização de numerosas obras iniciadas anteriormente e ao início de obras importantes cuja execução só terminou após 1815.

O tempo não lhe permitiu [a Napoleão] completar as obras que empreendeu, mas ele deixou esboços admiráveis. De qualquer modo, enquanto durou seu reinado, ele exerceu todos os esforços possíveis para embelezar, reconstruir, sanear, fortificar e alegrar essa cidade única, que encontrou decrépita e que novamente desabrochava quando ele a deixou.

Por exemplo, o eixo constituído pela Rue de Rivoli (até a Place des Pyramides), um projeto que herdara do período do Consulado (1801), só se realizou por obra dos arquitetos do imperador, Percier e Fontaine. E o grande projeto imperial da construção de um Arco de Triunfo celebrando a glória dos exércitos imperiais na barreira de l'Étoile, em Neuilly, só se concretizou em 29 de julho de 1836.

A história arquitetônica da capital foi frequentemente associada a episódios da história bonapartista. Para sua sagração como imperador, em 1804, o adro de Notre-Dame foi ampliado. A demolição de várias igrejas e a transferência de uma parte do Hôtel-Dieu abriram um espaço de quase oitenta metros de largura. A coluna de Vendôme, erguida entre 1806 e 1810, foi edificada por Gondoin e Lepère, segundo o modelo da coluna de Trajano em Roma e fundida com o metal de 1.200 canhões tomados dos austríacos e russos em 1805. Duas vitórias deram seus nomes às pontes de Austerlitz (1802) e de Iéna (1807). A mesma origem guerreira teve o Arco do Triunfo da Place de l'Étoile e mais tarde o Arco do Triunfo do Carrossel, construído entre 1806 e 1808. Este último imitava os modelos dos arcos construídos pelos imperadores romanos Sétimo Severo e Constantino. Na verdade, Napoleão residiu pouco tempo em Paris. Jules Berthaut apresentou um total de 955 dias de presença em dez anos de reinado. Não obstante, nessa Paris que festeja cada nova vitória militar, as paradas do imperador no Carrossel são outras tantas ocasiões para ver desfilarem os regimentos e para organizar imensas passeatas à luz de archotes.

A capital finalmente quebrou uma parte de sua ganga medieval. A demolição do Grand Châtelet, que durou de 1802 a 1810, foi uma operação salutar, que diminuiu consideravelmente as dificuldades de comunicação entre as duas margens.

As obras para a abertura da Avenue de l'Observatoire a partir do Luxemburgo iniciaram-se em 1807 sob a direção de Jean-François Chalgrin (1739-1811). A supressão dos engarrafamentos diante do Panthéon por meio da construção da Rue Soufflot foi decidida em 1807. As antigas terras devolutas da abadia de Saint-Victor foram utilizadas para a instalação da Halle Aux Vins [Mercado dos Vinhos]. Ao norte, Alexandre Brongniart (1739-1813) urbanizou o cemitério de Père-Lachaise (o padre Lachaise foi o confessor de Luís XIV), que foi aberto em 1804. Já o cemitério de Montparnasse só foi terminado em 1824. Brongniart foi também encarregado da construção da Bourse [Bolsa de Comércio], a partir de 1808, mas que só foi completada em 1827. Uma etapa importante para o desenvolvimento da cidade foi a construção dos cais do Sena em ambas as margens, acompanhados em toda a sua extensão por ruas pavimentadas.

O decreto de 2 de maio de 1806 tornou prioritária a distribuição constante de água (foram terminadas as obras do canal de l'Ourcq, realizadas entre 1802 e 1808, a abertura do canal de Saint-Martin, com extensão de 107 quilômetros, que só foi completado em 1822, e abertas numerosas fontes públicas por toda a cidade). No centro da nova praça, construída onde fora o Châtelet, de que recebeu o nome, a fonte de Palmier é provavelmente a mais famosa entre as múltiplas criações do Império (outras famosas são a Fontaine de l'Égyptienne, na Rue de Sèvres, a Fontaine des Lions, na Place du Château-d'Eau e a Fontaine d'Hygie, na Rue Saint-Dominique). A partir de 1º de março de 1812, a distribuição de água pública passou a ser gratuita.

A circulação foi melhorada pela construção da Pont des Arts, dirigida pelo engenheiro Dillon, a primeira ponte de ferro da cidade, interligando o Institut [Instituto de Belas-Artes] e o Louvre. A numeração das casas foi generalizada, com números pares e ímpares de lados diferentes das ruas. A multiplicação dos lampiões a óleo com espelhos refletores para aumentar a intensidade da luz e sua progressiva substituição por lampiões a gás, a partir de 1812, trouxe um conforto evidente para uma cidade cuja iluminação pública ainda era bastante insuficiente. Finalmente, foi melhorada a segurança contra incêndios quando o chefe de polícia Pasquier criou o batalhão dos demolidores e bombeiros em 18 de setembro de 1811.

Os últimos dias do regime imperial recolocaram a capital no centro do conflito europeu. As forças da coalizão chegaram às portas de Paris. No dia 29, por ordem do imperador, a imperatriz Marie-Louise e seu filho, o rei de Roma, deixaram a cidade. O rei Joseph[9] instalou seu quartel-general no Château-Rouge, localizado entre Montmartre e La Chapelle. Em 30 de março, Paris capitulou diante dos invasores. Napoleão permaneceu em Fontainebleau enquanto o conde de Artois, tenente-geral do reino, defendia a cidade, aguardando o retorno de seu irmão. Mas, em 31 de março de 1814, o rei da Prússia e o czar da Rússia entraram pela Porte Saint-Denis na cidade que permanecera aberta desde que Luís XIV mandara demolir as muralhas exteriores, algumas semanas antes da chegada do novo rei, Luís XVIII. A cidade foi totalmente ocupada pelas tropas inimigas que, não obstante, acamparam ordenadamente nos Champs-Élysées. A chegada do novo rei, marido da duquesa d'Angoulême, filha de Luís XVI, deu margem a muitos dias de festejos nos jardins das Tulherias. Os "Cem Dias" do retorno posterior do imperador Napoleão às Tulherias constituíram apenas um curto parêntese. Em 20 de novembro, o segundo tratado de paz foi assinado em Paris, pondo fim às guerras napoleônicas.

2. A Paris revolucionária e romântica

Após um quarto de século de guerras e conflitos, finalmente Paris e a França alcançaram um período de paz. Como manifestação da troca de governo, foram mudados os nomes de algumas ruas e pontes. A Rue Napoleão se transformou em Rue de la Paix, a Ponte de la Concorde retomou o antigo nome de Ponte Luís XVI. A estátua de Henrique IV foi recolocada sobre a Pont-Neuf. E a bandeira se tornou branca novamente, flutuando em caráter permanente no alto da Coluna de Vendôme.

O romantismo (Chateaubriand e Nodier, entre outros), que se desenvolvera nos primeiros anos do século XIX, não

---

9. Joseph Bonaparte (1768-1844), irmão mais velho de Napoleão. (N.T.)

combateu a Restauração. Seu posicionamento já se tornara bem diferente no final da década de 1820. Nessa conjuntura, a cidade pode ser descrita pela imagem que Chateaubriand faz de si mesmo: "Eu me encontro entre dois séculos, como se estivesse na confluência de dois rios". A Revolução não se concluíra, e Paris não chegou a ser a capital da Restauração. Em 1815, os parisienses foram representados somente por monarquistas na Chambre Introuvable [a Câmara que não se reuniu]. Dois anos mais tarde, com as eleições, os deputados liberais começaram a reconquistar seus lugares, mas agora eram os burgueses mais importantes (os financistas, industriais e proprietários de jornais, chamados de *notables*) que dominavam a vida política parisiense.

Os românticos, embora tivessem sido aliados fiéis no começo do reinado de Luís XVIII, ao longo dos meses foram-se tornando adversários temíveis. O romantismo e a revolução se aliaram e lentamente tomaram conta da capital. Após décadas de missões coletivas (revoluções e guerras), chegara a época da afirmação do indivíduo como uma força dentro da sociedade e voltada para ela. A atração e o brilho do movimento romântico parisiense nasciam da paz recobrada. As ideias e sensibilidades românticas se demonstravam em numerosas facetas da história de Paris (política, literatura e artes, entre outros aspectos). Através de sua ruptura com o classicismo, o romantismo influenciou a imprensa, o romance, o teatro e até a vida dos salões. A alma romântica, uma alquimia de felicidade, desespero e revolta, passou a marcar todas as criações literárias e artísticas parisienses. Em 1830, a "batalha de Hernani"[10] (após a estreia da peça, a 28 de fevereiro), prefigura os dias revolucionários de julho:

---

10. *Hernani ou o honrado castelhano* é um drama em cinco atos, escrito totalmente em versos por Victor Hugo, que pode ser considerado como o início do teatro romântico. Os trechos vaiados eram as afirmações dos personagens "conservadores". O vigor do estilo e das falas, aliado à audácia das situações em oposição à política do governo, entusiasmaram a juventude e provocaram uma grande arruaça na saída, uma luta aberta entre os adeptos do classicismo e os do romantismo, que a imprensa prontamente denominou de "Batalha de Hernani". (N.T.)

O público assobia todas as noites ao escutar a declamação dos versos: é uma verdadeira algazarra, a plateia debocha, os camarotes estouram em risadas. Os atores se demonstram embaraçados e hostis: a maior parte deles também faz troça das próprias falas. A imprensa é quase unânime: todas as manhãs reaparecem as críticas contra a peça e contra o autor.

Contrária à Restauração, a Paris dos românticos invoca a liberdade. As ruas e as assembleias ressoam as palavras e frases escutadas nos teatros.

Pouco a pouco, a Restauração os desapontou e logo, passando de um extremo para o outro, vão descobrir uma coerência entre sua revolta estética e o ideal da liberdade. Foi assim que Victor Hugo associou, no prefácio de seu Hernani, a "liberdade da arte" com a "liberdade da sociedade". A "batalha" de 25 de fevereiro de 1830 foi uma espécie de prelúdio literário às barricadas de julho.

Foi a Paris romântica que armou a revolução por ela cobiçada (conspirações e insurreições). O movimento hostil à Restauração não parava de crescer. Em 1820, na saída da Ópera, o duque de Berry foi assassinado por Louvel. Em 1821, a Charbonnerie [Carvoaria, o movimento dos carbonários] se organizou na capital, chegando a contar com três a quatro mil membros. O espaço ocupado pelos estudantes tornava-se cada vez maior entre os liberais. Em diversas ocasiões a Escola de Direito se mobilizou e saiu às ruas. Em 3 de julho de 1819, os estudantes marcharam em apoio ao padre Bavoux, que fora condenado por suas ideias liberais. Em 29 de abril de 1827, uma parte da Guarda Nacional se rebelou pacificamente, manifestando seu desagrado diante do rei Carlos X, aos gritos de "Viva a liberdade de imprensa!" Como as manifestações entre eles se tornavam cada vez mais numerosas, Villèle decidiu dissolver a Guarda Nacional, em 6 de novembro de 1827. Apesar das eleições terem sido marcadas de acordo com o recenseamento dos bairros, Paris dá mais de oitenta por cento dos votos ao Partido Liberal. O parêntese político ocorrido durante o ministério do conde de Martignac, um monarquista moderado, que ofereceu a embaixada de Roma a Chateaubriand, não foi o suficiente para acalmar a capital. Logo a seguir, quando o príncipe de Polignac foi nomeado pelo rei para substituí-lo, as conspirações começaram a ferver por toda a capital. No ano de 1830, Paris se transformou efetivamente no vulcão que fora previsto por Salvandy. Foram os decretos reais promulgados em julho que desencadearam a erupção parisiense. Durante três dias – os chamados "Três Gloriosos" (27, 28 e 29 de julho de 1830) –, o povo de Paris se lançou ao assalto da monarquia e particularmente contra o monarca, que se refugiou em Saint-Cloud, ao mesmo tempo que os cartazes da burguesia liberal (liderada por Laffite e Thiers), favoráveis ao duque d'Orléans, recobriam as paredes da capital. Nessas horas, onde se travou a batalha pelo poder? Mais uma vez, foi no Hôtel de Ville de Paris que se escreveu a história da França. Em 31 de julho, o futuro rei, retornando de Raincy, se apresentou na Place de Grève, onde se enfrentavam os republicanos e os liberais. Philippe Vigier descreveu com estas palavras o essencial do acontecimento:

> Foi para vencer a resistência ou as reticências do Hôtel de Ville que Luís Felipe e cerca de noventa deputados que apoiavam agora sua candidatura decidiram dirigir-se a esse importante lugar em que, no ano de 1830, como em 1789 e, mais tarde, em fevereiro de 1848 e setembro de 1870, residia, em última análise, o poder de nossa França "jacobina" desse século.

O quadro que representou o último ato desses dias revolucionários parisienses é célebre. No balcão do Hôtel de Ville, Lafayette e o duque de Orléans foram pintados, retratando o momento em que se abraçavam entre as bandeiras tricolores. A burguesia parisiense acabou de ganhar a batalha. A cortina cai provisoriamente. Em 29 de agosto de 1830, a capital festeja seu rei-cidadão com desfiles no Champ-de-Mars.

> Bastaram três dias para que a tempestade romântica rompesse os diques da ordem estabelecida. Aquele descendente de São Luís, de Henrique IV e de Luís XVI, o último monarca absoluto da França, tornara-se um fugitivo. Mas aquele que o sucedeu rapidamente perceberia que não era uma tarefa fácil permanecer no coração dos parisienses.

O espírito revolucionário da capital não se apaziguou pela instalação da "Monarquia de Julho". Em 14 de março de 1831, a missa celebrada em Saint-Germain-l'Auxerrois pela alma do duque de Berry, assassinado uma década antes, se transformou em combates pelas ruas, e a luta prosseguiu para o interior do arcebispado, que foi devastado. Em 5 de junho de 1832, os funerais do general Lamarque (1770-1832), morto de cólera, serviram como ponto de partida para dois dias de insurreição. Os republicanos estavam presentes ao longo de todo o percurso para honrar a memória desse líder da oposição liberal. Na altura da ponte de Austerlitz, numerosos estudantes decidiram retirar os cavalos e puxar o carro fúnebre até o Panthéon. O choque entre as tropas e os republicanos, que resultou em 150 mortes, prolongou-se por toda a noite diante da igreja de Saint-Merry. Em 1835, no Boulevard du Temple, um atentado liderado por Fieschi contra a pessoa do rei foi evitado, mas deixou um saldo de dezoito mortes. Durante seu reinado, Luís Felipe foi alvo de oito atentados. O jornal Charivari de 26 de julho de 1835 apareceu com a manchete irônica: "O rei-cidadão veio a Paris com sua excelente família e nem mesmo um deles foi assassinado".

Em 12 de maio de 1839, Armand Barbès (1809-1870) e Louis Blanqui (1805-1881)[11] lideraram uma invasão dos postos de polícia do Hôtel de Ville. O assalto deixou um rastro de cinco mortes.

Durante esse período, a capital assistiu ao desenvolvimento de diversos movimentos sociais e de sociedades revolucionárias (Les Amis de la Vérité [Amigos da Verdade] e Les Réclamants de Juilliet [Protestadores de Julho] são os mais conhecidos), juntamente com a fundação de jornais de oposição (os mais conhecidos são *Le National* e *La Reforme*). Seguiu-se um período de grandes protestos operários (entre eles, os cinco meses da greve dos carpinteiros, em 1845). Em toda esta agitação parisiense, se percebe a incitação das criações românticas (Ruy Blas e *O corcunda de Notre Dame*, de Victor Hugo; *Antony*, de Alexandre Dumas; *Chatterton*, de Alfred de Vigny; *A comédia humana*, de Balzac; *Colomba*, de Prosper Mérimée e *Le Départ des Volontaires* [A partida dos

---

11. Líderes socialistas. (N.T.)

voluntários], de Rude).[12] Os ideais propostos por essas obras – ação, sacrifício e revolta contra os egotismos individualistas – são parte integrante desse espírito de 1848.

Enquanto o regime escolhia o partido da Resistência, com o governo de François Guizot, contrário ao partido do Movimento (republicano), Paris lançou a campanha dos "banquetes republicanos". O primeiro foi realizado em Montmartre, no restaurante do Château-Rouge, em 9 de julho de 1847. Depois de numerosos comícios realizados nas províncias, o banquete final, planejado para 22 de fevereiro de 1848, no 12º arrondissement, foi proibido, inflamando a revolta na capital. A Guarda Nacional, mais uma vez, se manifestou contra o rei, que demitiu Guizot e nomeou Mollé para organizar um novo ministério. Mas nem o exército do general Bugeaud, comandante da tropa de Paris, nem a abdicação real em favor de seu neto, o conde de Paris, bastaram para frear o movimento. A revolução já se achava em marcha, estava nas ruas e nas barricadas.[13] A Paris republicana e romântica tomou a Chambre [Câmara dos Deputados] e formou um governo provisório no Hôtel de Ville. A Segunda República foi proclamada em 24 de fevereiro de 1848. Louis-Antoine Garnier-Pagès foi escolhido para ocupar o cargo restabelecido de prefeito de Paris. Na Assembleia Nacional, eleita por sufrágio universal e inaugurada em 4 de maio, o maior triunfo é do poeta romântico Alphonse de Lamartine (1790-1869), que foi o mais votado dentre os 34 deputados eleitos pelos parisienses.

Mas novamente a Segunda República não foi mais que um curto parêntese com a duração de quatro anos. Alguns meses após essa manifestação dos laços entre as paixões políticas da cidade e o lirismo romântico, Paris abriu caminho a Luís Napoleão Bonaparte.[14] Ele foi eleito deputado em setembro, com

---

12. Ao contrário das demais, que são obras literárias, trata-se de uma escultura, *A partida dos voluntários de 1792*, um alto-relevo que se encontra no Arco do Triunfo, provavelmente o exemplo mais conhecido da arte figurativa romântica francesa, conjunto executado entre 1833 e 1835 pelo escultor François Rude (1784-1845). (N.T.)

13. Comumente referida como a "Segunda Revolução Francesa". (N.T.)

14. Sobrinho de Napoleão I. (N.T.)

os votos da capital. Em 10 de dezembro, com cerca de sessenta por cento dos votos em seu favor, Paris o escolheu, em uníssono com a maior parte do país. Eleito presidente da República francesa, o novo líder assumiu o controle do Palácio do Eliseu (sede da Presidência). Três anos depois, com uma preparação de longa data, o golpe de estado de 2 de dezembro de 1851 instaurou o Segundo Império nas Tulherias. Paris só começou a reagir nos dias 3 e 4. O exército recebeu ordem de esmagar todas as tentativas de insurreição, surgidas no Faubourg Saint-Antoine e nos bulevares. Resultaram quatrocentas mortes, entre elas a do deputado republicano Baudin ("Por 25 francos eu vou lhes mostrar como é que se morre"), o preço a ser pago pelo nascimento do novo sistema político. O povo de Paris foi mantido em calma, mas nunca esqueceu.

3. As transformações: de Rambuteau a Haussmann

O século XIX confirmou Paris em sua condição de primeira cidade francesa. Ao mesmo tempo que as cidades provinciais passavam por uma época de estagnação (tanto em população como em crescimento), a capital não parou de se expandir, sendo mais do que nunca o grande polo urbano do país. O número de habitantes aumentou de forma espetacular. A margem direita se tornou um subconjunto urbano, duas a três vezes mais povoado que o restante da cidade.

De forma paralela, a cidade se ampliou em extensão. Após a invasão de 1815, o conceito de cidade aberta começou a ser contestado. A lei de 3 de abril de 1841, resultado das deliberações de vinte anos de comissões de fortificação, particularmente a chamada Commission de Défense du Royaume [Comissão de Defesa do Reino], integrou as pequenas comunidades periféricas (Auteil, Passy, Batignolles, Montmartre, La Chapelle, La Villette, Belleville, Charonne, Bercy, Ivry, Gentilly, Montrouge, Vaugirard e Grenelle) à capital. Entre 1841 e 1845, foi construída uma nova muralha, a última de todas, que é conhecida pelo nome de Thiers, composta por dezessete fortes, 94 bastiões e 36 quilômetros de fortificações, com um fosso de quinze metros de largura. Em 1º de janeiro de 1860, a anexação do espaço situado entre a antiga muralha dos

Fermiers Généraux e esse novo cinto de fortificações permitiu à capital atingir uma superfície de 7.088 hectares – ou seja, ganhou 3.800 hectares com relação à sua superfície anterior –, e sua população passou para 1,6 milhão de pessoas [com a inclusão das comunidades periféricas], ou seja, um aumento de quatrocentos mil habitantes.

População parisiense entre 1801 e 1901

1801	548.000 habitantes	1846	1.053.000 habitantes
1807	580.000 habitantes	1856	1.174.000 habitantes
1811	624.000 habitantes	1860	1.696.000 habitantes
1817	714.000 habitantes	1872	1.850.000 habitantes
1831	785.000 habitantes	1877	1.985.000 habitantes
1836	867.000 habitantes	1891	2.448.000 habitantes
1841	935.000 habitantes	1901	2.715.000 habitantes

Entre 1815 e 1870, três préfets de la Seine [administradores do Sena] deixaram sua marca na vida da capital: Chabrol, Rambuteau e Haussmann.

Chabrol

Joseph-Gaspard de Chabrol-Volvic conservou o posto de 1812 a 1830. Aplicava-se efetivamente a ele a frase célebre de Luís XVIII, "Monsieur de Chabrol está casado com a cidade de Paris". Foi quem originou diversos arruamentos, entre eles Batignolles, em 1821, o Quartier Saint-Georges et François-Premier, em 1823, Beaugrenelle, em 1824 e o Quartier de l'Europe, em 1826. No decorrer desses anos, foram abertas sessenta novas ruas. Diversas sociedades particulares se associaram aos empreendimentos, tomando parte preponderante na demarcação desses novos bairros. A empresa do financista Dosne investiu no bairro de Notre-Dame de Lorette; a Sociedade Hagermann urbanizou e loteou o Quartier de l'Europe. Os banqueiros André, Cottier e principalmente Jacques Lafitte (o mesmo deputado por Paris em 1816) especularam com operações imobiliárias no bairro de Poissonnière [Peixaria], antigamente o Enclos Saint-Lazare [a granja do convento de

São Lázaro]. O loteamento de uma parte do bairro Francisco I foi realizado por iniciativa do Coronel de Brack.

As *passages* ou galerias se tornaram um dos elementos arquitetônicos mais característicos desses anos (1815-1848). A família de Orléans já havia criado, em 1785, a primeira galeria junto ao Palais-Royal. A partir de então, essas passagens cobertas por telhados de vidro, itinerários seguros e margeados por numerosas lojas, se tornaram muito apreciadas pelos parisienses. Entre as mais frequentadas nessa época, se encontravam a Passage des Panoramas, construída em 1800, a Passage de l'Opéra, de 1822, a Passage Vivienne, inaugurada em 1823, a Passage du Trocadéro, aberta em 1824, a Passage de Sainte-Anne, criada em 1829, a Passage Montesquieu (1830), a Passage de la Madeleine (1845) e a Passage de la Sorbonne (1846).

A iluminação pública se aperfeiçoou ao longo dos anos. Desde o início da década de 1820, os velhos lampiões a óleo foram sendo substituídos por lampiões a gás nas grandes artérias (as primeiras foram a Rue de la Paix e a Rue de Castiglione) e nas praças (inicialmente, na Place Vendôme e na Place de l'Odéon) do centro da cidade. Em 1830, mais de mil residências parisienses já eram servidas por iluminação a gás.

Rambuteau

O conde Berthelot de Rambuteau, nomeado chefe de polícia por Napoleão, em 1813, passou a ocupar a posição de administrador do Sena em 1833, mantendo o cargo até 1848. Sua obra foi considerável e não pode ser desprezada como um simples prefácio aos grandes projetos haussmannianos. Em quinze anos, ele modificou bastante o quadro parisiense. O Hôtel de Ville, construído por Boccador e coração da cidade, foi ampliado por determinação de Rambuteau. Através de uma decisão de 30 de abril de 1835, o Conselho Municipal confiou a direção dessas obras aos arquitetos Godde e Lessueur. Duraram cinco anos, de 1837 a 1842, e custaram doze milhões de francos à cidade. Em 1833, uma nova estátua de Napoleão foi instalada no alto da Coluna de Vendôme. O grande Arco do Triunfo foi inaugurado em 29 de julho de 1836. A Place de la Bastille foi dominada pela Coluna de Julho, com 52 metros de altura, encimada pela estátua do Gênio da Liberdade. Em 25 de outubro de 1836, a Place de la Concorde, totalmente redesenhada por Jacques Hittorf (1792-1867), recebeu no centro o Obelisco de Luxor, pesando 220 toneladas e trazido de barco do Egito, como presente de Méhémet Ali, o vice-rei daquele país. Foram lançadas seis novas pontes sobre o Sena, sendo as mais famosas as de Bercy, Saints-Pères e Luís Felipe. Em 1847, a ilha de Louviers foi anexada à margem direita, com o aterro de um braço estreito do Sena. Durante a época da "Monarquia de Julho", também se completaram as reformas da Madeleine, da catedral de Notre-Dame-de-Paris, da igreja de Saint-Vincent-de-Paul e do Palais-Bourbon.

O arejamento necessário para a cidade ("Vamos dar água, ar e sombra aos parisienses", dizia continuamente Rambuteau) provocou a abertura de 110 novas vias. Muitas outras ruas foram alargadas. A Rue d'Arcole, aberta em 1837, atravessava a Île de la Cité desde o adro da catedral de Notre-Dame até o Hôtel de Ville, com a largura de doze metros. A Rue Rambuteau, concluída em 1845, com treze metros de largura, reunia o bairro do Marais ao Les Halles (Mercado Público). Esse corte através da cidade foi o primeiro canteiro de obras importante a exigir expropriações e demolições.

Foi a mesma exigência de ar e de higiene que levou o administrador do Sena a ordenar a poda das árvores e a limpeza dos canteiros das aleias que bordejavam as grandes avenidas. Essa foi igualmente a razão por que a luta contra a insalubridade das ruas (limpeza da lama acumulada e vazão das águas servidas) levou à multiplicação de ruas convexas, separadas das calçadas por sarjetas de escoamento. Sua última inovação foi o asfalto, que surgiu inicialmente ao redor do Palais-Royal. A paisagem urbana também foi modificada com o plantio de milhares de árvores e a intensificação da iluminação pública por meio de dez mil novos lampiões a gás.

Mas a grande prioridade de Rambuteau continuou sendo a água.

A perfuração dos poços em Grenelle e a instalação de duas mil fontes públicas com água encanada foram coroadas pela criação de novos chafarizes (em Louvois, Saint-Sulpice e

Molières). A água ainda constituía a mercadoria de um comércio importante. A maioria dos membros da corporação dos carregadores de água era originada da região de Auvergne. Eles levavam pipas de água transportadas em carroças para venda a granel ou usavam cangas das quais pendiam baldes fechados que entregavam diretamente nas casas dos mais abastados. Por outro lado, o nome de Rambuteau permaneceu muito tempo ligado aos mictórios públicos que ele mandou construir de espaço em espaço ao longo dos grandes bulevares.

Haussmann

O barão Georges-Eugène Haussmann (1809-1891) foi nomeado administrador do Sena em 29 de junho de 1853. Ele não foi sucessor de Rambuteau, mas de Berger, que ocupou o cargo entre 1848 e 1853. Na metade do século XIX, Paris ainda é uma cidade enferma. As descrições de Eugène Sue são precisas e preciosas: ruas estreitas, pardieiros de vários andares e uma grande densidade demográfica nos bairros mais pobres do centro da cidade (muitos milhares de habitantes por quilômetro quadrado).

> Em 13 de dezembro de 1838, em uma noite chuvosa e fria, um homem de aspecto atlético, vestido com uma blusa de má qualidade, atravessou a Pont-au-Change e se embrenhou na Cité, um dédalo de ruas escuras, estreitas e tortuosas, que se estendia do Palácio da Justiça até a Notre-Dame. [...] Naquela noite, entretanto, o vento se engolfava violentamente nas ruelas esquálidas daquele bairro lúgubre. O luar descorado e vacilante, cujas reverberações eram agitadas pelo vento norte, seco e frio, se refletia no ribeiro de água negrejante que corria pelo centro dos pavimentos lodosos. As casas cor de lama eram perfuradas por raras janelas de caixilhos apodrecidos e quase sem vidros. Aleias negras e infectas conduziam a escadas ainda mais negras e ainda mais infectas e tão perpendiculares que só podiam ser escaladas com a ajuda de uma corda de poço afixada às paredes úmidas por uma série de grampos de ferro. (Eugène Sue, *Os mistérios de Paris*)

Já no início do Segundo Império, a cidade conserva seu coração medieval. Os bairros centrais são verdadeiras favelas. As epidemias de cólera causaram milhares de mortes em 1832, 1848, 1849, 1853 e 1865.

Na mutação dos espaços parisienses, Napoleão III ocupa um lugar central. A partir de sua eleição como presidente da República, em 1848, ele expôs com frequência ao administrador do Sena, na época Berger, qual era sua política para Paris. Mas os primeiros trabalhos (as obras do prolongamento da Rue de Rivoli) só foram iniciados no ano de 1852.

> Paris é o coração da França. Empreguemos todos os esforços para embelezar essa grande cidade, para melhorar a vida de seus habitantes, para esclarecer a todos quais são seus verdadeiros interesses. Abramos ruas novas, saneemos os bairros populosos que não têm ar nem dia, para que a luz benfeitora do sol possa penetrar entre nossas muralhas, do mesmo modo que a luz da verdade penetra em nossos corações. (Napoleão, 1850)

Haussmann recordou com justiça em suas memórias as diretrizes imperiais, que haviam sido traçadas sobre o plano de Verniquet, marcando com traços de cores diferentes os novos eixos de circulação, que deveriam modificar a vida da capital. Durante seu exílio em Londres, o futuro imperador se convencera dos benefícios gerados pela destruição dos bairros insalubres e pela construção de grandes artérias, iguais às que haviam modificado a paisagem urbana da capital inglesa.

A partir de Napoleão III e Haussmann, já se pode realmente falar em política urbana. Contrariamente aos projetos anteriores, a cidade passou a ser considerada de forma global. Não se tratava mais unicamente de realizar alguns cortes novos para as comunicações, mas de reorganizar por completo os bairros centrais, facilitar a circulação das pessoas e a passagem do ar mediante o alargamento das ruas, estabelecer laços entre a periferia e o coração da cidade, ligar as estações ferroviárias com os polos internos ou multiplicar os transportes coletivos... Os cortes realizados através da cidade pelas avenidas haussmannianas descartaram completamente o antigo modelo urbano (os cortiços decadentes e as densidades demográficas excessivas dos bairros interiores) e estabeleceram novos eixos mais retilíneos e mais largos a partir de uma estação, de uma praça ou de um monumento importante. Paris passou a respirar melhor, mas os parisienses mais humildes foram forçados a se mudar para a periferia. As expropriações de pardieiros deram lugar aos imóveis construídos sob orientação de Haussmann. A corporação dos pedreiros, em que predominavam os operários originários da região de Limousin, passou por uma idade de ouro.

> Eles desembaraçaram o Louvre e o Hôtel de Ville. Parecia quase uma brincadeira de criança! Paris foi cortada a golpes de sabre e suas veias abertas nutriam cem mil demolidores e pedreiros, passando a ser atravessada por admiráveis vias estratégicas, fortalecendo e dando uma nova elegância aos velhos quarteirões. (Émile Zola, *La Curée* [*O saque*[15]], 1872)

Entre 1853 e 1868, Haussmann foi o mestre de obras das grandes operações que metamorfosearam a paisagem e a vida dos parisienses. Com a multiplicação das expropriações, facilitadas pelo *senátus-consulto* (decisão decretada pelo Senado Imperial) em 25 de dezembro de 1852, milhares de famílias foram despejadas e seus prédios demolidos, dando passagem a importantes artérias, enquanto as novas construções cediam lugar à cidade burguesa central. "Profundas trincheiras, muitas das quais já se transformaram em magníficas ruas, atravessavam a cidade em todos os sentidos; as ilhotas de casas miseráveis desapareceram como por encanto, abriram-se novas perspectivas e se revelaram novos aspectos inesperados" (Théophile Gautier). A haussmanização de Paris não se interrompeu em absoluto em janeiro de 1870, quando o barão foi demitido do cargo. Até o começo do século XX, numerosas áreas continuaram a ser submetidas ao ritmo das operações iniciadas por ele na década de 1860 e prosseguidas até a conclusão de seus planos.

---

15. Duas versões por tradutores diferentes foram intituladas *A carniça* e *Roupa suja*. (N.T.)

Em apenas alguns meses, e sob os malhos e alavancas dos demolidores, a ilha da Idade Média entrou no século XIX. A partir de 1865, a Île de la Cité foi, tardia mas inegavelmente, a zona parisiense mais transformada pelos projetos haussmannianos. Foi aberto um imenso canteiro de obras, cuja amplitude se explica em parte pelo medo dos governantes das revoltas populares que quase sempre se iniciavam nessa área. A frase de René Héron de Villefosse: "A paisagem medieval sobre a qual velava Notre-Dame foi completamente arrasada, como as brenhas de uma floresta abertas pelo fogo" resume perfeitamente o estado em que ficaram os lugares afetados pelas demolições realizadas entre o Palácio da Justiça e a catedral, cuja restauração, dirigida por Viollet-le-Duc, foi concluída em 1864. O Hôtel-Dieu foi conservado, o Palácio da Justiça renovado, a Place Dauphine poupada, mas desapareceram numerosas ruas, incluindo mansões prestigiosas e pequenas igrejas.

Entre as grandes operações, estavam as duas avenidas norte-sul e leste-oeste, que formavam uma encruzilhada (acompanhando em parte o traçado de um cardo e de um decúmano da Antiguidade) – constituída pela Rue de Rivoli (que ia da Rue Saint-Antoine às Tulherias) e pelos bulevares de Estrasburgo e Sébastopol (aberto em 1858) – que se prolongava na margem esquerda pelo Boulevard Saint-Michel (que originalmente recebeu o nome de "Boulevard de Sébastopol Rive Gauche"). Nesse conjunto urbano, as praças do Châtelet e de Saint-Michel serviam de moldura para a Île de la Cité. Entre o número das principais praças-encruzilhadas e avenidas, podemos citar a majestosa Place de l'Étoile, que dá origem a doze avenidas, a Place de l'Opéra (o prédio da Ópera construído por Garnier foi inaugurado em 1875), a nova Rue du Dix-Décembre (cujo nome foi depois mudado para Rue du Quatre-Septembre) e o Boulevard Haussmann, o elo entre a Étoile e o Opéra. A Place du Châtelet, com seus dois teatros, foi ampliada e ligeiramente deslocada a fim de enquadrá-la mais exatamente na perspectiva norte-sul e ligada ao Hôtel de Ville pela criação da Avenue Victoria, em 1855, e aos pavilhões do novo Mercado Público construído por Baltard ao longo da Rue des Halles.

Na margem esquerda, foi aberta a Rue des Écoles [Rua das Escolas Militares], em 1852. As obras do Boulevard Saint-Germain foram iniciadas em 1855. Cortando a Rue de Rivoli, ela desembocava no Boulevard Henri-IV e ligava a Place de la Concorde à Place de la Bastille. A estrela da parte sul do dispositivo haussmanniano é a Place d'Italie, formando o nódulo de convergência de uma nova série de bulevares.

Haussmann também ofereceu à cidade seu grande ajardinador, com a nomeação do Ingénieur en Chef des Promenades et des Plantations [engenheiro-chefe dos passeios e hortos], Jean-Charles-Adolphe Alphand (1817-1891). Mais uma vez o imperador, influenciado pelo tempo que passara na Inglaterra, lhe deu todo o apoio. Ao nome de Alphand é necessário juntar os do superintendente dos hortos, Barillet-Deschamps, e do arquiteto Davioud. São impressionantes os resultados dos dois anos em que dirigiram o embelezamento dos bairros e o número de árvores plantadas ao longo das ruas, além da abertura de jardins e a criação de praças, quiosques e pavilhões. Entre outros, são responsáveis pela urbanização, a leste e oeste da cidade, do Bois de Boulogne e do Bois de Vincennes, mais o estabelecimento de três parques (Buttes-Chaumont, Montsouris e Monceau).

Cada rua, avenida ou bulevar aberto foram acompanhados por fileiras de árvores. O número estimado para as árvores plantadas nesse período é o de 82 mil mudas. O mais belo exemplo é provavelmente o da atual Avenue Foch, antigamente a prestigiosa Avenue de l'Impératrice, com a largura de 140 metros e uma extensão de um quilômetro e meio, com faixas separadas para a passagem de cavaleiros nos dois sentidos, separadas por canteiros e gramados, em que foram plantadas quatro mil árvores, reunindo o Bois de Boulogne à Place de l'Étoile.

Desse conjunto napoleônico-haussmanniano fazem parte as estações ferroviárias, a rede hidráulica de suprimento de água e escoamento dos esgotos e uma porção de novos prédios públicos. Com as construções dos arquitetos Raynaud e Hittorf (1792-1867), a cidade tinha seis estações ferroviárias no final do Segundo Império (Gare Saint-Lazare, Gare du Nord, Gare de l'Est, Gare de Lyon, Gare d'Orléans e Gare de Rennes).

Para concluir esta seção, como não acrescentar que os empreendimentos de Haussmann foram dos mais influentes (e mais duradouros) na vida da capital?

> Isso significa que Paris doravante se transformou em uma cidade do século XIX. Para que esta afirmação simples e mínima não cause escândalo, é necessário defendê-la. O rosto de Paris é aquele que a cidade recebeu e que conservou durante e depois da era de Haussmann. Podemos até mesmo detestar essa imagem e nos recusar a olhar o espelho que reflete essa verdade, se a julgarmos insuportável. Mas, de qualquer modo que pensarmos, de qualquer maneira que agirmos, Paris deixou de ser principalmente uma cidade medieval, nem tampouco é mais uma cidade barroca e muito menos uma cidade neoclássica. Toulouse, Roma ou São Petersburgo se enquadram melhor nesse gênero. Mas Paris é justamente uma cidade do século XIX. Se é que as cidades são realmente compostas por camadas sucessivas, parece que o grande número de estratificações de Paris deu lugar a uma nova perspectiva durante a segunda metade do século XIX sob os auspícios de Haussmann, e não é mais possível separar a cidade dos traçados haussmannianos. Paris tornou-se agora uma cidade indivisível; para o bem ou para o mal, ela se tornou a cidade haussmanniana.

4. O cenário republicano e radical

No começo do mês de setembro de 1870, a notícia da derrota do exército em Sédan percorreu a cidade como uma febre. A partir de 4 de setembro de 1870, Paris volta a ser o coração (e o centro?) da República nascente. Milhares de seus habitantes invadiram o Palais-Bourbon e exigiram a mudança de regime. O corpo legislativo capitulou e, a partir de então, mais uma vez o poder se concentra no Hôtel de Ville. Foi necessário movimentar-se o mais depressa possível para a Place de Grève. Como afirmou Jules Favre ao general Trochu: "É lá que se devem apresentar os homens que pretendem contribuir para a salvação do país".

Mais uma vez, é a capital que dá o poder aos republicanos e retoma a bandeira tricolor a fim de prolongar a Guerra Franco-Prussiana:

Paris tem o hábito de governar a França. Há muitos séculos, neste país centralizado, a palavra de ordem vem da capital. Assim, desde os primeiros momentos, ninguém se espantou ao ver Paris se apoderar, por assim dizer, do vácuo de poder e entregá-lo a seus representantes. Além disso, Paris se encontrava em uma situação excepcional. Praça forte, cercada por muralhas e fossos, engrenagem central e indispensável para a vida normal da nação, logo se tornou o objetivo principal dos exércitos inimigos. Certo ou errado, se difundiu a ideia de que Paris encerrava a salvação e a honra do país entre seus muros. (Gabriel Hanotaux)

Desde a primeira semana, a capital se entrincheirou por trás de suas fortalezas. A cidade assumiu o aspecto de um acampamento militar, enquanto todos os que ainda tiveram oportunidade fugiam da capital. Em 17 de setembro de 1870, a praça-forte foi cercada pelo exército do general Hugo von Moltke, formado por trezentos mil prussianos. Logo as linhas do único traço de união da cidade com o exterior, o telégrafo da estação ferroviária do Oeste, foram cortadas e não funcionaram mais. Paris ficou isolada do resto da França.[16]

Étienne Arago ocupou a poltrona do prefeito de Paris, e Jules Ferry as funções de representante do governo junto à administração do Departamento do Sena.

Em sua primeira mensagem dirigida aos parisienses, o novo prefeito fez um apelo ao passado e à continuidade da Paris revolucionária e patriótica:

Cidadãos,
Acabo de ser convocado pelo povo e pelo governo de defesa nacional para ocupar a Prefeitura de Paris. Enquanto todos esperamos o momento de vossa convocação para eleger os oficiais da municipalidade, tomo posse, em nome da República,

---

16. Não totalmente, porque foi organizado pelo correio o serviço dos "Ballons Montés", que levavam correspondência e mensagens aéreas para o exterior (com envelopes e carimbos especiais, de grande valor hoje em dia como peças de coleção), ao passo que alguns pombos-correio conseguiam ocasionalmente atravessar as linhas prussianas sem serem alvejados, trazendo mensagens dirigidas à cidade. (N.T.)

deste Hôtel de Ville de que sempre partiram os grandes movimentos patrióticos de 1792, 1830 e 1848.
Como proclamaram nossos pais, eu vos conclamo: cidadãos, a pátria está em perigo! Cerrai fileiras em torno desta municipalidade parisiense em que hoje se assenta um velho soldado da República.

O referendo-plebiscito de 3 de novembro e as eleições de prefeitos e adjuntos de arrondissements de 5 e 7 de novembro confirmaram a confiança que os eleitores parisienses tinham no governo provisório. A pergunta feita foi: "A população deve manter, sim ou não, os poderes do Governo de Defesa Nacional?" e os parisienses responderam maciçamente pela afirmativa. Os resultados do referendo foram extremamente favoráveis: 557.996 votos pelo "sim" contra 62.638 pelo "não".

Mas o cerco e os bombardeios dos prussianos, sofridos a partir de janeiro de 1871, impuseram terríveis privações à população. Entre novembro e janeiro, as principais funções do governo municipal foram as que se referiam à administração da vida quotidiana dos arrondissements, durante um período em que os sofrimentos dos parisienses se foram acentuando progressivamente. A partir de 9 de novembro, a neve recobriu a capital e as condições de vida foram se deteriorando consideravelmente. Ao longo de um inverno difícil (em que a temperatura caiu abaixo de dez graus negativos), os parisienses isolados tiveram de combater o frio e a fome.

Para os dois milhões de habitantes sobreviventes na capital, o armistício de 22 de janeiro foi sentido mais como uma traição do governo do que como um alívio.

Depois de quatro meses e doze dias de resistência, Paris experimentou o sentimento de ter sido primeiro abandonada e depois sacrificada pelo país.

Os parisienses não aceitam que seu "combate" (cerca de oitenta mil mortos e feridos e 113 dias de privações, durante os quais a Paris bloqueada não recebeu o menor socorro das províncias) seja concluído por meio de uma negociação entre Bismarck e Jules Favre, da qual se perceberam excluídos.

A ruptura com a assembleia de Bordeaux e depois com a de Versalhes prolongou o isolamento da capital. Em uma assembleia majoritariamente conservadora e rural, eleita em 8 de fevereiro, os deputados parisienses eram a única expressão de uma capital favorável à República. O fosso que separava a capital do restante do país se alargou ainda mais. As declarações da maioria monarquista, demonstrando sua hostilidade com relação ao retorno da Câmara dos Deputados para Paris, e o projeto de descapitalização são outros tantos gestos e símbolos que acentuaram a fratura entre Paris e a assembleia reunida em Versalhes (de fato, a escolha de Versalhes como sede da nova Assembleia Nacional serviu apenas para acentuar essa desconfiança recíproca).

A operação militar lançada sobre a colina de Montmartre em 18 de março terminou pela derrota e a morte dos generais Clément Thomas e Lecomte, o reverso de uma reconquista do poder parisiense pelo exército regular e o começo da insurreição. Thiers ordenou a evacuação de Paris. Foi um movimento de retirada tanto militar como política. Foi então proclamada a Comuna de Paris, que durou 72 dias (de 18 de março a 28 de maio). Depois do escrutínio dos votos de 26 de março, o Conselho Geral da Comuna assumiu oficialmente o exercício do poder. Foram tomadas algumas decisões: a adoção de uma bandeira vermelha, o retorno ao antigo calendário revolucionário, a separação entre a Igreja e o Estado, a criação de uma milícia popular e o ensino primário leigo, gratuito e obrigatório. Ao longo da Semana Sangrenta (21 a 28 de maio), o exército versalhês esmagou a insurreição. A repressão foi impiedosa. Paris ardeu em chamas durante esses dias de guerra civil. Os últimos combates foram travados nos arredores do cemitério de Père-Lachaise. Muitos monumentos foram destruídos total ou parcialmente pelas chamas: as Tulherias, o Hôtel de Ville, a Cour des Comptes [Tribunal de Contas], o Ministério das Finanças, a sede do Conselho de Estado, o Palácio da Legião de Honra...

Esmagada a Comuna de Paris, o governo pretendia submeter Paris ao ritmo das consultas realizadas através do país inteiro. A lei de abril de 1871 colocou a capital dentro de um enquadramento político – de fato, uma coleira legislativa – cujo único propósito era o de manter a cidade e seu Conselho Municipal sob supervisão estrita.

Para evitar toda a politização das eleições, a cidade foi novamente dividida, desta vez em oitenta bairros. Para impedir que a política nacional se instalasse nos debates da prefeitura, os conselheiros municipais tiveram suas atribuições limitadas exclusivamente aos negócios locais.

De qualquer modo, as eleições municipais de julho de 1871 reafirmaram a presença de um forte contingente republicano no eleitorado parisiense. O primeiro presidente do Conselho Municipal foi Joseph Vautrain, que já era conselheiro de bairro do 4º arrondissement. Durante os anos de 1873 a 1879, mesmo sob o governo chamado da "Ordem Moral", chefiado por De Broglie e sob a autoridade firme do general Mac-Mahon, Paris acentuava suas escolhas republicanas a cada consulta popular. Em 1878, entre os oitenta eleitos para compor o conselho, 75 já eram favoráveis à República. Os monarquistas haviam sido reduzidos a uma minoria desprezível e só representavam as seções eleitorais localizadas no 7º e no 8º arrondissements. Dentro do cenário político nacional, a capital passou a ser um fervente ator republicano. A década de 1870 serviu para consolidar os laços que uniam Paris à República.

Com a demissão de Mac-Mahon e a instalação de Jules Grévy no Palácio dos Champs-Élysées, se apresentou novamente a definição do próprio peso político do Conselho Municipal da primeira cidade da França. Desde o início de janeiro de 1879, os republicanos radicais se puseram a exigir que De Marcère, o ministro do Interior, nomeasse um intendente (*préfet*) republicano e concedesse a autonomia municipal (com a eleição de um prefeito de Paris e autorização para que o Conselho Municipal pudesse decidir, através de suas próprias deliberações, todas as questões de interesse comunal). O espírito combativo dos radicais seduziu a capital, que deu ao radicalismo parisiense a maioria relativa ou absoluta em todos os mandatos de 1881 a 1900. O radicais dirigiram todos os negócios municipais sozinhos ou posteriormente em aliança com os socialistas. Durante quase vinte anos, Paris foi um palco republicano e radical. Símbolo dessas tendências políticas foram as trocas dos nomes de ruas e a multiplicação de estátuas de revolucionários pelos arrondissements. A arquitetura urbana passou a expressar a força da república leiga na capital. Assim, após a inauguração da Place de la République (antiga Place du Château d'Eau), o Conselho Municipal, eleito em 10 de junho de 1879 propôs que as três suntuosas avenidas Reine-Hortense, Joséphine e Roi-de-Rome (o filho de Napoleão I) fossem rebatizadas com os nomes de três generais, Hoche, Marceau e Kleber e que o Boulevard Haussmann passasse a chamar-se Boulevard Étienne-Marcel (o preboste de Paris que, no século XIV, havia reivindicado as franquias municipais agora exigidas pelos radicais).

O Hôtel de Ville, coração da vida política da capital, foi reconstruído entre 1874 e 1882. Em 13 de julho de 1882, Jules Grévy, o primeiro-ministro, Songeon, presidente do Conselho Municipal, e Charles Floquet, intendente da capital, inauguraram o novo edifício, "casa paterna da cidade, berço antigo de suas liberdades municipais, teatro por vezes glorioso e tempestuoso algumas, mas sempre ligado aos eventos dramáticos que enchem sua história comovente" (Grévy). Em 1883, a imponente estátua da República foi colocada no centro da praça do mesmo nome. As ruínas do antigo Palácio das Tulherias foram definitivamente demolidas em 1884. Em 1885, um Panteão totalmente leigo recebeu o corpo de Victor Hugo, aquele que, em 1867, descrevia sua paixão por Paris, em um discurso proferido durante as exéquias como "o semeador de centelhas que tinha sobre a terra a influência de um centro nervoso. Quando ele tremia, nós nos arrepiávamos."

5. À sombra da Torre Eiffel

Em 1889, Paris recebeu uma nova Exposição Universal. Em um contexto marcado pela crise boulangista[17], o governo queria tornar o centenário da Revolução Francesa uma grandiosa manifestação republicana. Essa era a quarta exposição universal a se realizar na capital francesa. Em 1855, como

---

17. O general Georges-Ernest-Jean-Marie Boulanger (1837-1891), ministro da Guerra em 1887, provocou uma crise de fronteira com a Alemanha do Norte (o *Affaire Schoenbelé*), sendo demitido. Seu partido foi dominado pelos orléanistas, que queriam em vez disso restaurar a família real. Condenado à prisão militar, fugiu para o exterior e os boulangistas foram derrotados nas eleições de 1889 e 1890. (N.T.)

réplica à exposição britânica do Crystal Palace e aos progressos econômicos da Inglaterra, a exposição parisiense celebrava o futuro industrial do Segundo Império. O engenheiro Aléxis Barrault construiu o vasto Palácio da Indústria na parte baixa dos Champs-Élysées. Em 1867, no Champ-de-Mars, Le Play organizou uma grande festa imperial. Onze milhões de visitantes admiraram as realizações napoleônicas e haussmannianas. A Exposição Universal de 1878 foi sobretudo a celebração do reerguimento nacional, depois da derrota e da guerra civil. Na colina de Chaillot, foi construído o Palácio do Trocadéro por Davioud e Bourdais para servir de centro ao acontecimento. Esse edifício foi mais tarde demolido para a preparação da Exposição Universal de 1937.

O símbolo dessa manifestação internacional é a Torre Eiffel. O projeto de Gustave Eiffel foi escolhido dentre uma centena de propostas:

> Obra-prima da arte da engenharia do século XIX, a Torre Eiffel encarna o triunfo do cálculo e a irrupção na paisagem arquitetônica moderna dessa transparência quase desmaterializada que permitem as construções metálicas. É também um símbolo da fé no progresso científico e técnico, do qual as exposições internacionais são as grandes celebrações. (B. Lemoine)

Em dois anos (1887-1889), a torre se impôs na paisagem da capital, apesar dos severos panfletos de numerosos escritores e arquitetos. O manifesto intitulado "La Protestation des Artistes" tomou a forma de uma carta-aberta dirigida a Alphand, diretor-geral dos trabalhos da Exposição, enviada em 14 de fevereiro. E que assinaturas! Coppée, Dumas, Leconte de Lisle, Maupassant, Sully-Prudhomme e até mesmo Charles Gounod e Charles Garnier.

> Nós viemos aqui, escritores, pintores, escultores, arquitetos e amadores da beleza até hoje intacta de Paris, para protestar com todas as nossas forças, com toda a nossa indignação, em nome do bom gosto francês desprezado, em nome da arte e da história francesa ameaçadas, contra a ereção, em pleno coração de nossa capital, da inútil e monstruosa Torre Eiffel, que a malignidade

pública, algumas vezes demonstrando bom-senso e espírito de justiça, já rebatizou com o nome de Torre de Babel...

Não obstante esse e outros ataques, a torre de trezentos metros e de 7.300 toneladas (com dois milhões de rebites e 1.600 degraus) foi completada no final de março de 1889. A Exposição foi aberta em 6 de maio. Em 15 de maio, a ascensão da torre foi permitida ao público... a pé (os elevadores só começaram a funcionar a 26 de maio)... até o segundo andar. A Galeria das Máquinas, organizada por Duter e Contamin, constituiu o segundo polo da Exposição Universal. Sob uma nave de vidro (quatrocentos metros de comprimento, 110 de largura e 45 no ponto mais elevado), ela apresentava os grandes sucessos industriais do momento.

Até 6 de novembro (data do encerramento), a exposição acolheu 25 milhões de visitantes. Foi um tremendo sucesso para Paris... e para Eiffel.

Onze anos mais tarde, na Exposição Universal de 1900, foram cinquenta milhões de visitantes que deram a Paris a atração de capital dominante da Europa. Ainda que tenha sido iluminada pela "fada eletricidade", a Torre Eiffel já tinha deixado de ser o farol de atração da festa. Ela somente atraiu um milhão de curiosos, ou seja, a metade de 1889. Dessa vez, o que fascinava o público, tanto nacional como internacional, era o Pavilhão da Eletricidade. Para essa manifestação, ao lado da Grande Roue [a Roda Gigante] (com mais de cem metros de altura, quarenta carros e podendo receber 1.600 passageiros de cada vez), situada na Avenida de Suffren, a atração monumental da ocasião, foram construídos o Petit-Palais e o Grand-Palais e ainda a Ponte Alexandre III (em homenagem à visita do czar da Rússia).

Essa exposição exaltava todos os progressos que haviam mudado a vida parisiense durante o última décadas do século XIX (o cinema dos irmãos Lumière, os automóveis, o telefone, o fonógrafo etc.). O movimento e a velocidade se traduziram pelo nascimento do Métropolitain.[18] Desde a apresentação dos projetos dos engenheiros Flachat e Le Hir (1853-1854), a questão da construção de uma estrada de ferro subterrânea

---

18. O sistema ferroviário subterrâneo, conhecido como "Métro". (N.T.)

vinha sendo discutida. Os conflitos de competência entre a cidade de Paris, o departamento do Sena e o Estado francês foram em grande parte os responsáveis pelo atraso das obras. Os transportes urbanos subterrâneos já existiam em Londres desde 1863, em Nova York desde 1868, em Berlim a partir de 1877 e mesmo em Budapeste, na Hungria, foram inaugurados em 1896. Mas foi necessário esperar 1896 e 1897 para que fossem iniciados os trabalhos, sob a direção do engenheiro Fulgence Bienvenüe (1852-1936), financiados pela Compagnie Générale de Traction [Companhia Geral de Transportes], do barão Édouard Empain. Durante numerosos meses, a vida da capital foi de novo parcialmente paralisada pelas obras de construção a céu aberto. A inauguração do serviço da linha número 1 do Métropolitain, puxada por um trem elétrico, que podia percorrer em 25 minutos as dezoito estações que mediavam da Porte de Vincennes à Porte Maillot, ocorreu a 19 de julho de 1900. O estilo Guimard (chamado Modern Style)[19], bastante contestado no início, repetido nas grades e tetos das entradas às estações dessa primeira linha, é associado até hoje à arquitetura do Métropolitain. A linha, circular, foi inaugurada em 13 de dezembro, conduzindo da Porte Dauphine à Place de l'Étoile. Em 1914, a cidade já contava com catorze linhas, mas nenhuma delas ia além das portas de Paris. Devido aos itinerários internos e à incompatibilidade do metrô com a malha ferroviária a céu aberto (com locomotivas a carvão), esse novo meio de transporte serviu para acentuar, durante longos anos, a divisão entre Paris e os subúrbios afastados.

A Exposição de 1900 foi novamente uma grande festa republicana. Em 22 de setembro, no Jardim das Tulherias, sob quatro hectares de tendas cobertas de tela de linho, foi realizado um banquete republicano, presidido por Émile Loubet, então presidente da República, a que compareceram 22 mil prefeitos de todo o país. Do mesmo modo que ocorrera em 1889, o banquete era uma réplica às manifestações hostis ao governo (movimentos nacionalistas e combates entre os partidários e os adversários de Dreyfus).

---

19. Mais exatamente, um dos melhores exemplos e também um dos mais bem conservados da Art Nouveau. (N.T.)

À sombra da Torre Eiffel, Paris apresentava, já havia uma década, uma intensa vida pública. A maior parte das crises e das "febres hexagonais"[20] (Michel Winock) se desenrolavam inicial ou totalmente no cenário da capital. Em 14 de julho de 1886, os parisienses ovacionaram Boulanger, recentemente nomeado ministro da Guerra, durante a passagem em revista das tropas nacionais. O cançonetista Paulus divertiu a capital inteira com uma letra celebrando "*notr' brav' general*" [nosso bravo general].

Pelo favor de uma eleição parcial, realizada em janeiro de 1889, Boulanger retornou a Paris. Foi eleito deputado em primeiro turno contra Jacques, o candidato republicano. A amplitude de seu sucesso, especialmente as manifestações de entusiasmo nas passeatas que percorreram os grandes bulevares, deu nascimento aos rumores de um golpe de estado boulangista contra o governo do Élysée. Mas não aconteceu nada. O medo provocou a reação do governo. Boulanger deixou a França no dia 1º de abril. A seguir, o escândalo das ações do Canal de Panamá reacendeu a agitação parisiense (tumultos em Tivoli-Vauxhall, manifestações públicas e duelos). A mobilização contra os *chéquards* [especuladores] provocou a demissão dos deputados Floquet e Clemenceau (1893). Os atentados dos anarquistas, ao longo da década de 1890, enlutavam a população. O atentado da Rue des Bons-Enfants (8 de novembro de 1892) causou seis mortes. Após os atos de terror de Ravachol, a bomba lançada pelo anarquista Auguste Vaillant no recinto da Assembleia Nacional feriu quarenta parlamentares. As manifestações nacionalistas se multiplicavam pelas ruas simultaneamente com as peripécias do Caso Dreyfus. A Liga dos Patriotas, chefiada por Déroulède, assumiu a liderança das agitações. A imprensa, tanto parisiense como nacional, passou a tomar partido a partir de 1897. Édouard Drumont iniciou uma série de campanhas antissemitas, às quais Émile Zola respondeu no jornal *L'Aurore*, em 13 de janeiro de 1898, com seu famoso artigo "*J'Accuse*" [Eu acuso], em favor do oficial acusado. A

---

20. A França é mencionada metaforicamente como o "Hexágono", porque suas fronteiras apresentam seis direções principais quando contempladas em um mapa. (N.T.)

oposição entre os partidos dreyfusiano e antidreyfusiano cada vez mais se exacerbava na capital. Aproveitando as exéquias de Félix Faure, Déroulède tentou realizar um golpe de estado, em 23 de fevereiro de 1899, mas sem sucesso. Para escapar da prisão, Jules Guérin, o chefe da liga antissemita, entrincheirou-se em uma mansão da Rue Chabrol. Durante mais de um mês (12 de agosto a 20 de setembro), ele resistiu ao cerco da polícia e da prefeitura (o prédio foi apelidado pela imprensa de "Forte Chabrol") com tanta firmeza que chamou a atenção dos parisienses. Em maio de 1900, alguns dias antes da abertura da nova exposição universal, o resultado das eleições municipais de Paris ressoou com um trovão. Depois de vinte anos de domínio dos radicais, os nacionalistas conquistaram a prefeitura. Novo século, nova maioria. Paris se destacou do restante do país. A esquerda (radicais e socialistas) recuperou a maioria dos assentos do Conselho Municipal em 1904. Mas, em novembro de 1909, uma crise interna, ligada à atitude do Conselho Municipal depois do assassinato do anarquista Ferrero, fez explodir a união das esquerdas. A direita retomou a direção dos assuntos municipais. Ernest Caron se tornou presidente do Conselho Municipal. Até 1914, o Hôtel de Ville permaneceu um bastião republicano, nacionalista e anticoletivista.

À sombra da Torre Eiffel, enquanto isso, Paris dominava a Belle Époque, um período de prosperidade e de invenções que abrangeu a década de 1890 até a Primeira Guerra Mundial.

> Testemunha de uma idade de ouro revolucionária, Jean Béraud não pode ser dissociado da Paris da Belle Époque. Foi ele que imortalizou suas caleças, suas antigas bicicletas e seus primeiros automóveis, os lugares da moda, como o Café Tortoni, o hipódromo de Auteil ou o teatro de Vaudeville e tantas mulheres belas – das elegantes que frequentavam a Ópera até as costureiras e domésticas que se reuniam no Chez Paquin.

A partir de 15 de março de 1891, a França inteira passou a se orientar pelo horário do Meridiano de Paris.[21] Em 1895, na Rue de Rennes, nº 44, os irmãos Lumière lançaram

---

21. O Meridiano de Greenwich, na Inglaterra, aceito internacionalmente, passa igualmente por Paris. (N.T.)

Os oitenta bairros de Paris (1871)

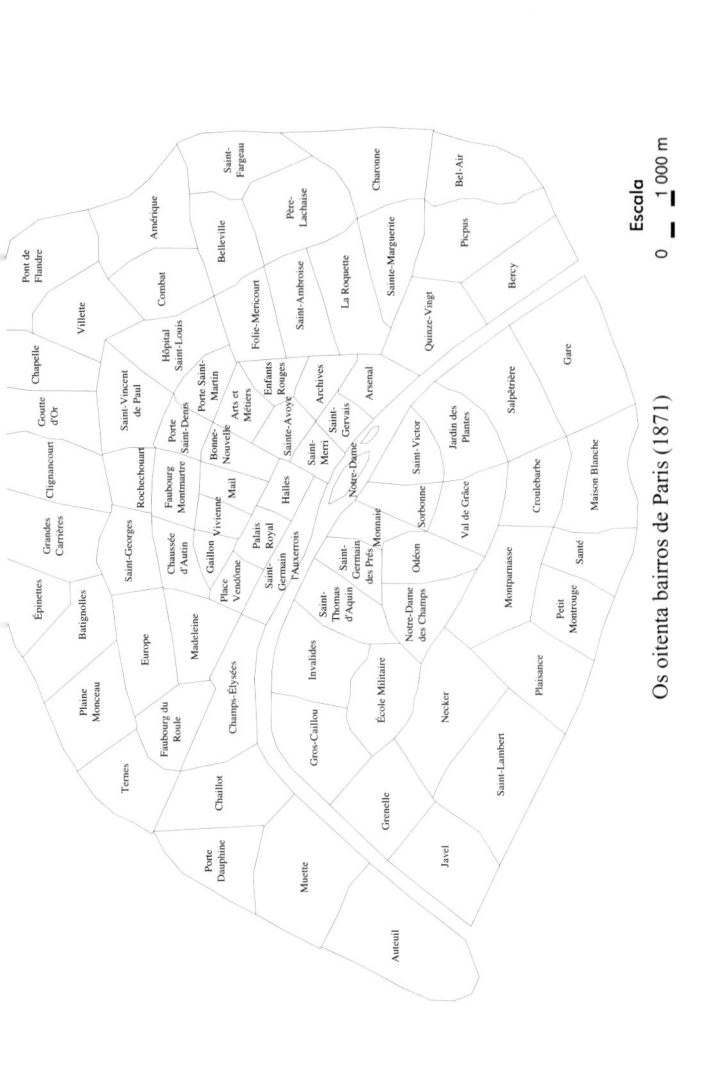

Escala
0 — 1 000 m

o cinematógrafo. A primeira sessão pública e mediante pagamento de ingresso (mostrando curtas-metragens, como *A chegada do trem na estação de La Ciotat* e *O regador regado*[22] foi apresentada no Grand Café em dezembro do mesmo ano. Em 1901, o aviador brasileiro Augusto Santos-Dumont (1873-1932) ganhou o prêmio Deutsch-de-la-Meurthe pelo primeiro voo mundial em balão dirigível, saindo do Parc Saint-Cloud e dando a volta pela Torre Eiffel. Em 23 de outubro de 1906, ele decolou seu aeroplano do campo de Bagatelle e percorreu sessenta metros; em 12 de novembro, fez um percurso de 220 metros.[23] Paralelamente às escavações do metrô, a primeira linha de ônibus a gasolina, aberta em 1905, ligava o prédio da Bourse ao Cours de la Reine. No ano seguinte, foi introduzido o ônibus Brillé-Schneider, com trinta lugares. A vida urbana cada vez mais passou a depender das maravilhas possibilitadas pela eletricidade. O incêndio da Opéra-Comique[24], em 25 de maio de 1887, provocado pela explosão de lâmpadas de gás, acelerou inegavelmente a instalação da iluminação elétrica, cuja difusão também pode ser associada à luta contra a insegurança urbana (atos de violência, acidentes de trânsito). Logo os apartamentos começaram a se beneficiar da inovação, substituindo os tubos de gás. Até mesmo alguns veículos elétricos movidos a baterias começaram a aparecer pelas ruas. Em 1898, foi organizada uma corrida de fiacres elétricos. Quinze veículos elétricos do serviço postal já circulavam em 1904. A Companhia Parisiense de Distribuição de Eletricidade foi criada em 1º de janeiro de 1914.

---

22. *L'arroseur arrosé* mostra um personagem aguando o jardim e depois molhado pela mangueira. A estação de La Ciotat transportava a matéria-prima e os produtos da fábrica dos próprios irmãos Lumière. (N.T.)

23. Embora os irmãos Orville e Wilbur Wright tenham voado em 1903, seu engenho era lançado por uma catapulta, enquanto o 14-Bis de Santos-Dumont subiu com seus próprios meios, empregando o motor de motocicleta inventado por Léon Levasseur. (N.T.)

24. A Opéra-Comique apresentava operetas e peças de teatro com música incidental, orquestral ou cantada, entre trechos falados, não necessariamente de caráter cômico. (N.T.)

A telegrafia sem fio aproveitou a Torre Eiffel para instalar antenas e ampliar seu campo de atividades. Em outubro de 1898, Eugène Ducretet realizou a primeira ligação de ondas hertzianas com o Panthéon. O telégrafo sem fio e a Torre Eiffel estavam dando início a uma longa história em comum. Essa nova função garantiu que se mantivesse a "guitarra do céu" (Apollinaire), cujo desmantelamento estava marcado para 1910, mas que recebeu assim uma nova concessão que lhe assegurou a sobrevivência. Outro meio de comunicação foi introduzido: o telefone, mas reservado exclusivamente para uma elite. A Sociedade Geral do Telefone, depois os serviços PTT, da Empresa de Correios, Telégrafos e Telefones, só tinha sessenta mil assinantes em 1914. O incêndio da principal central telefônica, na Rue Gutenberg, em 20 de setembro de 1908, salientou o mau funcionamento da rede. Até que ponto tais inovações influenciavam a vida quotidiana dos parisienses tornou-se perfeitamente perceptível por sua ausência, durante as espetaculares inundações do Sena, em 1910. As consequências imediatas das longas cheias de janeiro a março logo foram seguidas pela inundação e paralisia do Métropolitain, pela suspensão da distribuição de eletricidade para evitar acidentes fatais e pelo corte das linhas telefônicas...

Ainda que essa catástrofe lhes tenha perturbado a vida, dentro de poucos meses as inquietações do espírito dos parisienses e dos franceses em geral eram de ordem bastante diferente. As tensões franco-alemãs dominavam novamente a vida política. Em 31 de julho de 1914, no Café du Croissant, da Rue Montmartre, próximo da sede de seu jornal, *L'Humanité*, foi assassinado Jean Jaurès. Em 2 de agosto, as paredes de Paris foram cobertas por cartazes tricolores anunciando a mobilização geral para a guerra.

Capítulo V
Entre duas guerras (1914-1944)

1. Paris em tempos de guerra

Os parisienses receberam a notícia da mobilização geral com estupor e consternação. Nesses primeiros dias de agosto de 1914, contudo, Paris foi embandeirada como se estivesse a se preparar para uma alegre celebração do 14 de Julho. Os dias de partida das tropas, nas estações ferroviárias da Gare du Nord e da Gare de l'Est, o entusiasmo patriótico e o desejo de retomar a Alsácia-Lorena[25] animavam as multidões agrupadas nos bulevares e nos cais do Sena. A estátua de Estrasburgo, localizada na Place de la Concorde, tornou-se o local favorito para comícios nacionalistas e promessas de vingança. Pelas ruas, o povo cantava a Marselhesa e Le Chant du Départ [A canção da partida]; ouviam-se gritos de "Para Berlim!..."; escreviam *"On les aura!"* [Vamos pegá-los!] nos carros e nos vagões ferroviários.

Paris estava em guerra. Suas portas começaram a ser fechadas das dezoito horas às seis da manhã. O movimento das linhas do metrô era suspenso às sete e meia da noite. Os restaurantes e cafés trancavam as portas às oito e meia. Numerosos estabelecimentos comerciais e fábricas foram fechados. Foi iniciado o racionamento. O governo multiplicou as requisições de prédios e de automóveis.

Em consequência do avanço das tropas alemãs, a cidade recebeu grandes reforços de tropas territoriais. Em 2 de setembro, o governo francês abandonou a capital e foi instalar-se em Bordeaux. No dia seguinte, o general Gallieni, nomeado governador militar de Paris, iniciou resolutamente a defesa da cidade.

---

25. Perdida para a Alemanha em 1870, durante a Guerra Franco-Prussiana. (N.T.)

Os membros do governo da República deixaram Paris, com a intenção de dar um novo impulso à defesa nacional. Eu recebi o mandato de defender Paris contra as tropas do invasor. Essa missão será cumprida até o final. (Comunicado de Gallieni, dirigido aos parisienses e à França.)

Mas foi no rio Marne que se travou a batalha essencial para a defesa de Paris (entre 6 e 9 de setembro). Por segurança, o acervo do Louvre tinha sido transportado para Toulouse. Um episódio célebre foi a requisição de centenas de táxis para o transporte de tropas e munições até o front. Os exércitos de Von Klück foram empurrados de volta. Em 9 de setembro, a capital podia considerar-se salva.

Até o começo do ano de 1918, Paris é a "retaguarda", afastada da frente de combate, estabilizada por mais de setecentos quilômetros, desde o mar do Norte até à fronteira com a Suíça. Uma parte da população deixou a cidade, permanecendo 1,8 milhões de habitantes, ou 63% do índice de 1911. Os moradores sofriam as consequências dos bombardeios dos aeroplanos inimigos comandados por Taube e a seguir dos incêndios causados pelos raides dos Zeppelins. Encruzilhada central da economia de guerra, a cidade assistiu ao desenvolvimento de diversos setores industriais. Foi então que se industrializaram pela primeira vez os 13º, 14º, 15º e 18º arrondissements. Foi assim que as indústrias automotoras e de armamentos deram um salto espetacular (Citroën, na área de Javel, Renault em Billancourt). Era necessário fornecer ao exército geradores elétricos, ambulâncias, caminhões, metralhadoras, obuses para os canhões...

A partir do outono, o governo reinstalou os ministérios nos edifícios parisienses. As escolas reabriram. A volta dos estudantes de nível primário e médio ocorreu em outubro, e as faculdades recomeçaram a funcionar em novembro. A imprensa era controlada ativamente: o serviço de censura dava longas tesouradas na correspondência. A Bolsa recomeçou a cotar as ações. Cartazes anunciavam a abertura de novos espetáculos. O governo achou necessário devolver à cidade sua vida cultural e artística, garantir as distrações e voltar a oferecer os empregos dos milhares de parisienses que recebiam seus salários da indústria de espetáculos. Foram reabertos os teatros, a Comédie-Française[26], a Opéra-Comique, as salas de concertos e os cinemas (os mais famosos eram o Tivoli e o Omnia-Pathé). Ao mesmo tempo, numerosos teatros de revistas e *music halls*, entre eles o Moulin-Rouge, o Concert-Mayol, o Olympia e a Gaité Lyrique [Alegria Lírica], se colocaram a serviço das campanhas patrióticas. Em sua reabertura, em 6 de dezembro, a Opéra-Comique reservou quatrocentos lugares gratuitos para os feridos de guerra. O programa estava dedicado ao serviço da moral das tropas e dos civis: foram encenados a ópera *A filha do regimento* (Gaetano Donizetti), *Le Ballet des Nations Alliés* [Balé das nações aliadas] e fragmentos de *Patrie*, além da dramatização do *Chant du Départ* e da Marselhesa, em que Marthe Chenal se apresentou no palco vestida com a bandeira tricolor.

Mas a vida diária era marcada pelos racionamentos. O carvão foi o primeiro a ser racionado, porque as principais minas se localizavam na região ocupada pela Alemanha. Durante os invernos, que foram muito rigorosos, o Conselho Municipal procurou apoiar as famílias mais modestas, vendendo-lhes milhares de toneladas a preços bastante módicos. O "talão do carvão", indicando a quantidade que podia ser vendida a cada família, passou a ser distribuído em setembro de 1917. Foram fixadas limitações drásticas para a venda e distribuição de gás e eletricidade. Logo os produtos de primeira necessidade passaram a ser severamente racionados (pão, manteiga, batatas, açúcar). O pão só podia ser vendido doze horas após sair do forno, a fim de limitar seu consumo. Passou a ser proibido vender carne nas terças-feiras. O custo de vida crescia sem parar. As greves de 1916 e de 1917 e as reivindicações para o controle dos preços testemunhavam o descontentamento dos operários da capital. A população, muito enfraquecida pelas privações, foi duramente atingida pelas epidemias de tifo e de rubéola. A partir do inverno de 1917-1918, a gripe espanhola matou milhares de pessoas em Paris.

No transcurso desses anos, as parisienses foram progressivamente ocupando os lugares dos homens que haviam

---

26. Novamente, o nome é ilusório. Muitas da peças apresentadas eram trágicas ou dramáticas, as de conteúdo cômico sendo limitadas. (N.T.)

partido para a frente de batalha. Passaram primeiro a ocupar as funções administrativas, depois a direção dos veículos no setor de transportes, as cátedras do ensino e, principalmente, os lugares deixados vagos pelos operários na indústria de armamentos. Nessa economia de guerra, "se as mulheres empregadas nas fábricas tivessem parado de trabalhar por vinte minutos, a França teria perdido a guerra..." (marechal Joffre).

Em 1917, os novos aliados foram anunciados por meio de uma campanha de afixação de cartazes pelos muros da cidade ("*Voilà les Américains*" [Chegaram os americanos]), representando a sombra imponente de um soldado americano que esmagava um soldado alemão na frente ocidental. Os parisienses festejaram o Independence Day – dia da independência dos Estados Unidos. Nesse mesmo 4 de julho de 1917, o general Pershing foi meditar sobre o túmulo de La Fayette.

No começo da primavera de 1918, as tropas alemãs já estavam novamente próximas da capital. Os obuses atirados pela "Grande Bertha", um imenso canhão de 420mm, que se encontrava abrigado por trás da floresta de Saint-Gobain, causavam verdadeiro pânico entre os habitantes da cidade. Eles levavam menos de três minutos para percorrer a distância de 120 quilômetros até o coração de Paris. Na Sexta-Feira Santa de 29 de março, a explosão de um único obus matou 88 pessoas dentro da igreja de Saint-Gervais. Em 16 de abril, três obuses destruíram uma parte da fábrica Schneider, provocando a morte de dezessete pessoas. Em 6 de junho, foi criado o Comité de Défense du Camp Retranché de Paris [Comissão de Defesa do Acampamento Entrincheirado de Paris]. Para melhorar as defesas, foram instalados canhões no alto da Torre Eiffel e no Mont Valérien. Apareceram duas bonequinhas, chamadas Nénette e Rintintin, que eram presas por alfinetes na lapela das roupas. Eram um fetiche, e se dizia que traziam boa sorte e protegiam os parisienses contra os obuses. A instalação das sirenes de aviso nos distritos para anunciar o início dos bombardeios deve ter sido provavelmente mais eficaz.

Em 10 de novembro de 1918, véspera da assinatura do Armistício, os grandes bulevares se encheram de animação:

Paris saiu para os bulevares, da Madeleine à Place de la République. As pessoas iam e vinham, interpelavam umas às outras, esperando receber uma notícia, ou seja, "a notícia"; mas ainda era cedo demais, o adiamento imposto pelo marechal Foch só autorizava o início da cessação das hostilidades para as onze horas do dia onze de novembro. Vendedores passavam pelas ruas empurrando carrinhos de mão, oferecendo bandeirinhas e rosetas tricolores. A iluminação pública surgiu levemente reforçada; a partir dessa manhã, o governador militar autorizou a retirada das proteções azuis [*débleutage*] que cobriam a parte superior das lâmpadas das ruas...

Depois de 1.561 dias de guerra, em 11 de novembro, Paris inteira saiu para as ruas. O Conselho Municipal proclamou:

Habitantes de Paris,
Chegou a vitória, a vitória triunfante; em todas as frentes, o inimigo vencido depôs as armas e o sangue vai parar de correr.
Paris pode sair agora da feroz reserva que lhe valeu a admiração do mundo. Vamos dar livre curso à nossa alegria e ao nosso entusiasmo ou, pelo menos, vamos reprimir nossas lágrimas.
A fim de demonstrar a nossos grandes soldados e a seus incomparáveis comandantes nosso reconhecimento, enfeitemos todas as nossas casas com as cores francesas e com as bandeiras de nossos aliados.
Nossos mortos podem dormir em paz. Para eles, do mesmo modo que para todos nós, "o dia da glória"[27] chegou.

O final desse ano foi preenchido por uma sucessão de manifestações populares. No domingo de 17 de novembro, parecia que a população inteira da cidade se achava presente nos Champs Élysées, em que discursavam Poincaré e Clemenceau, para celebrar o retorno da Alsácia-Lorena. Em 16 de dezembro, o presidente Wilson, dos Estados Unidos, foi recebido no Hôtel de Ville. E no 14 de julho de 1919, a festa nacional foi celebrada por um desfile de três milhões de pessoas, um imenso cortejo composto pelas tropas dos soldados aliados, saudados do palanque pelos marechais Joffre, Foch e Pétain.

---

27. Citação de um dos versos da *Marselhesa*. (N.T.)

2. Paris é mesmo uma festa?

Inicialmente, a paz trouxe consigo o esforço pela reconstrução. A cidade recebeu a multidão dos desmobilizados. A capital foi sacudida pela agitação revolucionária que varria toda a Europa. As manifestações e as greves se sucediam, especialmente contra a elevação do custo de vida ou contra o desemprego. Afetavam todos os setores de atividade urbana (indústrias de tecidos e roupas, transportes, fábricas de automóveis, construção etc.). A primavera e o verão de 1919 foram caracterizados por uma acentuação dos conflitos nas fábricas (particularmente na Panhard e na Pathé). O 1º de Maio de 1919 foi um dia de enfrentamentos entre manifestantes e as forças de manutenção da ordem (dois mortos). A Confederação Geral dos Trabalhadores convocou uma greve geral para o dia 21 de julho. Rapidamente se apresentou o problema do reaproveitamento dos operários dispensados pelo exército e da reconversão das fábricas da indústria bélica instaladas na capital para a produção de bens de consumo. A fábrica de armamentos de André Citroën, localizada em Javel, deu o exemplo, começando logo a produzir os primeiros automóveis particulares (com motores de 10HP) em suas linhas de montagem.

Mas as restrições do racionamento se prolongavam, e a tabela alimentar persistia (três dias por semana sem carnes embutidas, trezentos gramas de pão diários por família). A inflação era um fenômeno até então pouco conhecido. Em cinco anos, os preços haviam subido quase cem por cento. Com o apoio do Conselho Municipal, o governo republicano mandou instalar os chamados Armazéns Vilgrain (nome do secretário de estado que estava encarregado do abastecimento de víveres), onde os produtos podiam ser adquiridos com descontos de vinte a trinta por cento.

Na área dos transportes urbanos, os bondes elétricos e o Métropolitain foram obrigados a circular mais lentamente. Pela primeira vez desde a inauguração da linha número 1, subiu o preço das passagens do metrô. Em janeiro de 1919, as grandes cheias do Sena paralisaram ainda mais a vida dos habitantes. A estátua do soldado de um regimento de zuavos colocada na ponte de Alma, indicador extraoficial da altura do rio para os parisienses, chegou a ficar com as mãos molhadas. O estabelecimento de banhos públicos da Samaritaine, instalado em uma chata presa por correntes à Pont-Neuf, desapareceu rio abaixo, arrastado por um vagalhão. As estações ferroviárias de Orsay e dos Invalides ficaram fechadas entre 9 e 12 de janeiro. A transmissão de eletricidade foi interrompida temporariamente na margem esquerda.

As marcas sangrentas da guerra só se foram apagando lentamente da vida parisiense. Mas a assinatura do Tratado de Versalhes, em 28 de junho de 1919, seguida pela grande festa nacional do 14 de Julho, que reuniu centenas de milhares de pessoas nos Champs-Élysées, devolveram novamente a honra a Paris. A cidade foi mencionada na ordem do dia do exército e glorificada por Georges Clemenceau:

> Capital magnificamente digna da França. Animada de uma fé patriótica que nunca foi desmentida, suportou com valentia tão segura quanto sorridente os numerosos bombardeios dos aviões e das peças de artilharia de grande alcance. De 1914 a 1918, ela acrescentou títulos imperecíveis à sua glória secular.

A festa? Ela começou talvez com a façanha louca do aviador Védrines, que pousou sobre o grande terraço das Galerias Lafayette, ganhando os 25 mil francos do prêmio oferecido pelo centro comercial a quem conseguisse realizar a façanha. Quanto à festa da burguesia, dos artistas e dos boêmios... é a mesma dos anos 1921 a 1926, que foi descrita por Ernest Hemingway (autor da expressão "Paris é uma festa."). Foi o início desses anos doidos que atravessaram a década de 1920. "Eu me recordo dessa década como se fosse um 14 de Julho perpétuo. Foi uma época tricolor" (Maurice Sachs).

Mas a festa parisiense era, em primeiro lugar, talvez exclusivamente, a celebração da "Tout-Paris". Irracionalmente, irrisoriamente, como se respirassem de novo de forma profunda após os quatro anos do conflito, alguns milhares de parisienses que não dependiam de empregos e de salários dedicaram suas vidas inteiramente aos festejos.

A noite, todas as noites eram dedicadas à dança. A partir de novembro e do final do pesadelo, era preciso dançar, e o país inteiro foi tomado pela mania da dança. O rei do momento era o ritmo "saxô", um Satanás inofensivo transformado em mestre de baile. Viam-se por toda a parte os *dancings*, conjuntos de jazz, champanha e mulheres cujos vestidos começavam nos seios e terminavam no alto das coxas, com os cabelos penteados em *cul de dinde* [rabo de perua], a última moda, que fumavam sem parar, em qualquer ocasião, por bem ou por mal, usando piteiras que chegavam a 25 centímetros de comprimento...

A festa mais popular era representada pelo cinema e pelos esportes. O divertimento começou pela reabertura do cinema Max Linder, em março de 1919. A sétima arte lançou na tela novos diretores e novas estrelas e astros (Abel Gance, Louis Delluc, Marcel l'Herbier, entre outros). Carlitos (em francês, Charlot), Douglas Fairbanks, Ramón Navarro e Rodolfo Valentino despertavam risos e paixões. Logo o cinema foi contemplado com o dom da palavra. O esporte participava constantemente dessa nova existência parisiense: práticas desportivas, construção de quadras e estádios, interesse crescente pelas competições. A imprensa e o telégrafo sem fio se expandiram, transmitindo e promovendo as informações esportivas. Centenas de milhares de parisienses esperaram pela notícia do resultado da luta de boxe entre o francês Georges Carpentier e o americano Jack Dempsey. Graças ao advento do telégrafo sem fio, as multidões agrupadas ficaram sabendo quase instantaneamente da derrota do francês.

Paris também se divertia com as criações do teatro dos Champs-Élysées (especialmente a "revista negra", estrelada por Josephine Baker) e com a ambientação de contos de fadas que envolvia os espetáculos de Mistinguett no Moulin-Rouge. As inovações artísticas desses anos ocorriam no Théâtre du Vieux-Colombier [Teatro do Pombal Velho], dirigidas por Jacques Copeau, nos teatros do Athénée [Ateneu] e o Atelier [Oficina], dirigidos por Dullin e também por Copeau, ou na Opéra, onde se apresentavam as novas coreografias dos balés montados por Serge Lifar. Surgiram os movimentos dadaísta e surrealista, fazendo explodir a vida literária com os textos escritos por André Breton, Philippe Soupault e Aragon, entre outros.

No palco do cabaré Le Boeuf sur le Toît, situado na Rue Boissy d'Anglas, perto da Madeleine, se acotovelavam Jean Cocteau, Erik Satie, Raymond Radiguet (famoso por seu espetáculo *Com o diabo no corpo*), André Breton, Max Jacob e tantos outros.

> A música negra, os primórdios do jazz, as primeiras ousadias de um novo estilo decorativo, o gênio da improvisação que quebrava todos os modelos, a aceitação e mesmo a busca da anarquia pelos jovens artistas, legitimada pela desordem e confusão gerais do pós-guerra, toda essa lava fervilhante, mistura de escória e de metais preciosos, se escapava de uma estranha cratera em ebulição chamada "Le Boeuf sur le Toît". (G. Delamarre)

Montparnasse destronou Montmartre e os bulevares. Os últimos lugares da moda são Le Jockey, Le Dome e La Rotonde, logo suplantados por La Coupole. Aberta em 1927, La Coupole logo se tornou o ponto de encontro dos pintores, dos poetas e do jazz... Nesse final da década de 1920, a boemia se alternava entre o Boulevard Montparnasse e o Carrefour Vavin.

> Naquela época, muita gente frequentava os cafés da esquina de Montparnasse com Raspail simplesmente para se exibir e ser vista e, num certo sentido, esses lugares exerciam a função atribuída hoje em dia às *commères* [colunas sociais] dos jornais encarregados de distribuir os sucedâneos diários da imortalidade. (Ernest Hemingway)

Nunca Paris foi a vitrine de maior pujança, nem floresceu tanto como naquele ano, jamais demonstrou tanta energia interior e o resplendor de uma luz tão abundante; um ritmo diferente e de maior veemência agitava as ruas, e aqueles que até então apreciavam a respiração tranquila e preguiçosa dessa cidade ficavam espantados e quase amedrontados ao sentir o calor vibrante da nova respiração, apaixonada e quase febril. Alguma coisa de Nova York, trazida pelos americanos, tinha sido introduzida nas avenidas: uma luz branca e cegante se expandia pelas ruas barulhentas, lado a lado com os boatos que corriam a respeito do mundo inteiro, enquanto os anúncios luminosos saltavam de teto em teto e as casas estremeciam até os alicerces com o barulho dos automóveis. As cores, as pedras e os lugares, tudo estava tomado por um tom avermelhado, tudo cintilava e queimava sob o efeito dessa velocidade nova, até nos chiados e roncos profundos do metrô, em que cada nervo dessa cidade cintilante tremia e até a menor fibra de nossos próprios corpos começava a tremer em uníssono. (Stefan Zweig)

De abril a outubro de 1925, entre a Place de la Concorde e o Cours-la-Reine, Paris festejou a Exposição Internacional das Artes Decorativas, que recebeu dezesseis milhões de visitantes. No Pavillon de l'Esprit Nouveau, Charles-Édouard Jeanneret, apelidado Le Corbusier, imaginava uma nova periferia parisiense composta por arranha-céus em estilo americano, intercalados com espaços verdes, os novos pulmões da cidade. O costureiro Poiret impôs seu estilo. A Art Déco, geométrica, originada na Exposição das Artes Decorativas, passou a participar desde então da paisagem parisiense.

A festa se prolongou ao longo dos anos da década de 1930. Paris inteira cantava os refrões de Mireille, Charles Trenet e Maurice Chevalier. A cidade recebia os grandes astros do jazz (Duke Ellington e Louis Armstrong, entre outros). As salas obscuras dos teatros e cinemas reuniam todas as noites milhares de parisienses que vinham assistir as obras de René Clair e Marcel Carré ou os filmes em que estrelavam seus atores preferidos, como Raimu e Fernandel.

Durante esses anos de crise econômica e social, Paris ainda abrigou duas exposições internacionais. Em 1931, Paris celebrava seu império colonial. O Museu das Colônias, executado pelos arquitetos Léon Jausely e André Laprade prestava homenagem às realizações francesas através do mundo. A linha número 8 do metrô fora recentemente inaugurada para permitir aos visitantes chegarem mais rapidamente à parte leste de Paris. Trinta e três milhões de pessoas assistiram à exposição. A Exposição Universal de 1937 (Artes e Técnicas), cuja abertura tivera de ser adiada para 24 de maio, recebe apenas 34 milhões, claramente menos que a de 1900. Dessa vez, a exposição foi montada nas duas margens do Sena, ocupando uma centena de hectares. O palácio do Trocadéro, construído em 1878 e bastante decadente, foi demolido em 1936. Na colina desocupada, foi construído o Palácio de Chaillot, projetado por Azéma, Boileau e Carlu, com dois pavilhões e um grande saguão.

Também foi construído o Palácio de Tóquio (futura sede do Museu de Arte Moderna) pelos arquitetos e engenheiros d'Aubert, Dastugue, Dondel e Viard. A partir do projeto de Paul Langevin e de Jean Perrin, a parte oeste do Grand Palais se tornou o Palais de la Découverte [Palácio da Descoberta], destinado às crianças... e aos adultos. Além disso, a "Expo" abrigava os pavilhões de muitos países. Erguidos de cada lado da ponte de Iéna se enfrentavam os símbolos da Alemanha nazista (águia e suástica) e da União Soviética (foice e martelo). Todavia, a exposição se desenvolveu entre manifestações e greves, que paralisavam o funcionamento dos espetáculos. Em 25 de novembro, dia da troca de mandato, o governo que se encerrava e que pretendia tornar essa exposição um ponto alto da recuperação econômica somente teve condições de fazer o balanço de um biênio altamente deficitário.

3. A população e suas realizações

No final do primeiro conflito mundial, a capital contava com 2,9 milhões de habitantes (censo de 1921). Os três novos recenseamentos do período entre as guerras apresentavam um leve declínio demográfico: em 1926, 2.871.000 habitantes; em 1931, 2.891.000 habitantes e, em 1936, 2.829.000 habitantes.

Dentro desse conjunto, os distritos centrais perderam entre 10% e 22% de sua população. O 2º arrondissement passou de 53 mil para 42 mil (menos 20,7%); o 4º arrondissement passou de 91 mil para 71 mil (menos 21,9%). Ao contrário, os distritos periféricos (13º, 14º, 15º, 19º e 20º) tiveram um acréscimo sensível. O 20º ganhou 20 mil habitantes, ou seja, 11%. A esse duplo movimento se acrescentou um evidente desequilíbrio populacional entre o 1º arrondissement que, em 1931, apresentava 42 mil habitantes e o 18º, que, na mesma ocasião, reunia 289 mil. Essa inadequação se expressou claramente

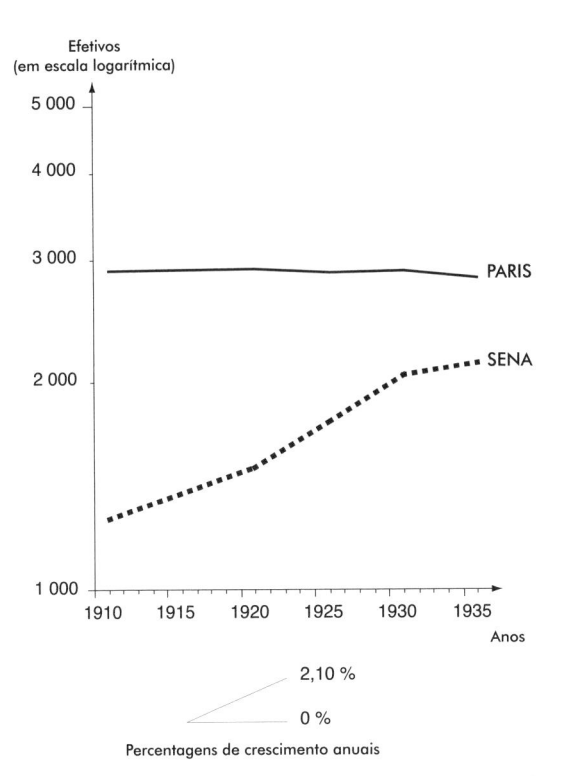

Evolução comparativa da população de Paris e do Departamento do Sena, entre 1911 e 1936.

durante as novas eleições municipais, porque cada arrondissement (até 1935) tinha o direito de eleger o mesmo número (quatro cada um) de conselheiros municipais.

As baixas taxas de natalidade demonstradas pela demografia parisiense (dezesseis por mil em 1926, passando para onze por mil em 1936) eram compensadas amplamente pela imigração. O número de estrangeiros aumentou nitidamente na capital, em especial poloneses, russos, italianos e alemães, que fugiam de seus regimes ditatoriais e vinham se estabelecer em Paris.

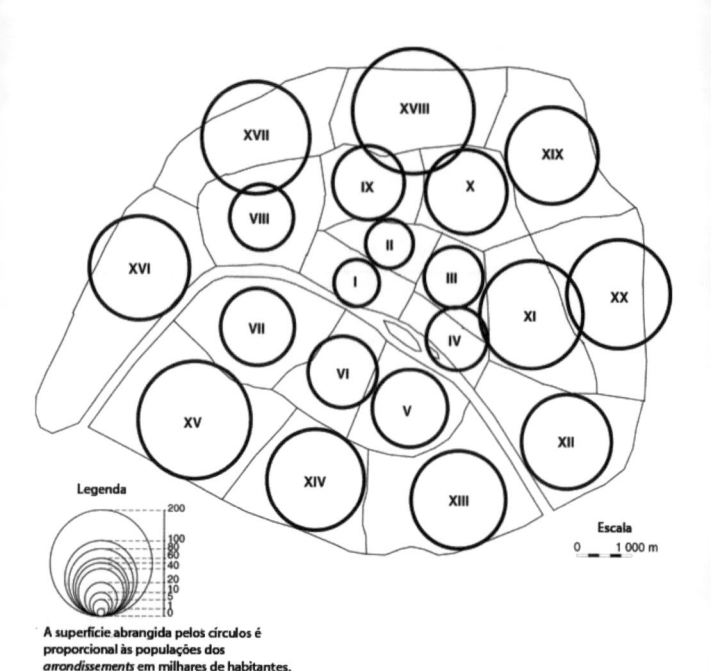

A superfície abrangida pelos círculos é
proporcional às populações dos
arrondissements em milhares de habitantes.

População de Paris em 1936.

De acordo com a lei de 19 de abril de 1919, o recinto fortificado de Paris foi desclassificado. A cidade de Paris tomou posse dos terrenos militares, das fortificações e das zonas de serviço *non aedificandi* [mantidas sem edificações]. Os trabalhos foram iniciados em 28 de abril. Entre as duas guerras, a questão da administração das zonas de fortificações e de serviço foi uma das mais importantes e das mais cruciais para a capital. A superfície total desse espaço periférico (quatrocentos metros de largura em uma circunferência de trinta quilômetros) era de 444 hectares. Cento e vinte e sete hectares foram reservados para a abertura de vias, conservação de estabelecimentos militares, rede ferroviária e administração pública. A cidade foi então responsabilizada pela urbanização e administração de 317 hectares. Esse foi o mais vasto canteiro de obras parisiense durante mais de vinte anos. Permitiu empregar a força de trabalho constituída pelos milhares de soldados desmobilizados, construir um grande bulevar e atender a uma das principais exigências dos parisienses, ou seja, a de moradia. O final da moratória sobre o preço dos aluguéis (1918), com o imediato aumento, tinha provocado grandes retardos no pagamento dos locatários e numerosos despejos.

Nessa cinta periférica, que ia do 12º ao 20º arrondissement, foram construídas 38 mil residências. Em sua maior parte, eram Residências de Baixo Preço (HBM, *Habitats à Bon Marché*) ou Imóveis de Aluguéis Módicos (ILM, *Immeubles à Loyers Moyens*), construídos principalmente pelo Escritório Público de Residências de Baixo Preço, criado em 1913. Esses grandes imóveis de tijolos vermelhos tinham de seis a oito andares. Eram formados por apartamentos de várias peças (com cozinha, banheiro individual e quartos separados) e representavam a esperança de uma vida nova para milhares de famílias que tinham sido obrigadas, pelo aumento dos aluguéis, a morar em quartos mobiliados. A essa política imobiliária se acrescentaram os trabalhos de urbanização ligados ao saneamento de pequenas áreas insalubres localizadas em muitos bairros (Saint-Victor, Saint-Gervais, Clignancourt, Épinettes, Père-Lachaise, entre outros).

Durante essas duas décadas, muitas realizações modificaram a paisagem parisiense.

O Boulevard Haussmann, iniciado em 1857, foi finalmente completado em 1927. Entre a Avenue Mozart e o Trocadéro foi aberta, em 1933, a Avenue Paul-Doumer, nome que recebeu após o assassinato desse presidente da República, em 6 de maio de 1932. As margens do Sena foram reformadas, com levantamento das margens, supressão da eclusa de La Monnaie, renovação da parte da Île de la Cité localizada do lado da nascente do rio. As pontes da Concorde, Tournelle e Iéna foram alargadas. Quarenta novas praças foram abertas ao público.

O projeto da Cidade Universitária, no Boulevard Jourdan, foi dirigido pelo arquiteto Lucien Bechmann. A construção foi iniciada em 1923. Planejada para o alojamento dos estudantes das províncias, das colônias e do estrangeiro, a cidade abriu inicialmente os pavilhões destinados aos estudantes alemães, canadenses e japoneses. Os locais esportivos se modernizaram com a abertura do Estádio Jean-Boulin (1929), do Estádio Náutico de Tourelles (1924) e da piscina de Molitor (1929). O novo Hôpital Beaujon foi inaugurado em 1935.

Surgiram numerosas inovações nos transportes urbanos. Os bondes elétricos foram desaparecendo progressivamente. Em 1919, o Conselho Municipal programou sua substituição por ônibus a gasolina. O último bonde, o 123-124, que ligava a Porte Saint-Cloud à Porte de Vincennes, parou de funcionar em março de 1937. A partir de 1921, a STCRP, Société des Transports en Commun de la Région Parisienne, sucedeu à Compagnie Générale des Omnibus. A estrada de ferro da Petite Ceinture [Pequena Perimetral], que tinha sido tão útil durante a Exposição Universal de 1900, foi desmantelada em 1931. A linha de ônibus que foi apelidada de PC ou Petite Ceinture passou a garantir a partir de então o circuito da capital.

A rede do metrô se tornou mais densa. Em 1920, ela se distribuía por quase 95 quilômetros. A partir de 1916, os vagões passaram a funcionar com portas automáticas. Nos vinte anos que se sucederam, as linhas foram ampliadas em 67 quilômetros (159 quilômetros de comprimento em catorze linhas no ano de 1939), e receberam 130 estações novas (332 estações em 1939). Após os grandes lucros financeiros da década de 1920, as duas sociedades que exploravam o metrô (a Companhia do Metropolitano e a Companhia Norte-Sul) começaram a sofrer importantes déficits. Não obstante, o número de passageiros não parava de crescer: 670 milhões durante o ano de 1927, 838 milhões em 1933.

Nos últimos anos do período entre as guerras, já se apresentava claramente o problema da coordenação dos diferentes transportes coletivos.

> Era uma questão de administrar, todas as manhãs, a passagem de cerca de dois milhões de pessoas para os seus lugares de destino e de as reconduzir todas as noites para seus lares, além de garantir, durante o dia, os deslocamentos necessários às atividades da cidade. Em seu conjunto, o trânsito médio diário ultrapassava cinco milhões de pessoas entre os caminhos subterrâneos e as linhas de superfície, sem contar mais seiscentos

mil viajantes que utilizavam as linhas ferroviárias que conduziam aos bairros. (G. Guillet, 1935)

Essa nova disposição de ânimo conduziu ao prolongamento de várias linhas da Companhia do Metropolitano em direção aos subúrbios: a linha número 1 chegou ao forte de Vincennes, a número 9 alcançou a ponte de Sèvres e a número 12 passou a levar até a Prefeitura de Issy.

A ruptura (física e mental) entre Paris e seus subúrbios começou a desaparecer. Em 1928, foi fundado o Comité Supérieur de la Region Parisienne [Comissão de Superintendência da Região Parisiense]. Para atender ao incremento do trânsito automotor, o primeiro trecho da futura autoestrada do Oeste foi aberta ao público, passando pelo túnel de Saint-Cloud/Rocquencourt.

Ao norte da capital, depois do fim da guerra, o aeroporto de Le Bourget permitiu a abertura de linhas aéreas para Londres e Bruxelas, na Bélgica.

Em duas décadas, a vida cotidiana dos parisienses se modernizou. A eletricidade prosseguiu sua conquista da cidade. A partir de 1914, a Companhia Parisiense de Distribuição de Eletricidade passou a tomar conta do consumo de energia da capital. A primeira Comissão Internacional da Iluminação se reuniu em Paris, em 1921. Entre o final da guerra e 1939, a percentagem das moradias parisienses servidas pela energia elétrica havia passado de 19% para 94%. Isso não impediu que, ao mesmo tempo, o número de clientes da Companhia de Gás de Paris continuasse em constante aumento (um milhão de usuários em 1934). Mas as escolas municipais de Paris, que até 1918 eram totalmente iluminadas por bicos de gás, em quinze anos foram totalmente convertidas para energia elétrica. Nas lojas, oficinas, fábricas e outros lugares de trabalho e nos monumentos públicos, a iluminação elétrica passou a ser parte integrante das atividades urbanas. A Feira de Paris, em 1923, e depois os salões de exposição de artes anunciavam iluminação "totalmente elétrica".

Nos apartamentos, ainda era excepcional a presença de telefones. O número de assinantes da companhia telefônica (entre particulares e comerciais) era de 250 mil ainda nas vésperas da Segunda Guerra Mundial. Os serviços telefônicos suplementares já haviam sido iniciados, particularmente o Horloge Parlante [relógio falante], bastando discar Odéon 84-00. No primeiro dia da inauguração do serviço, 14 de fevereiro de 1933, foram registradas 170 mil chamadas. O rádio e a televisão abriram caminhos bem no estilo parisiense. O aparelho de rádio se foi tornando pouco a pouco um elemento central dos lares. Em 1939, meio milhão de famílias podiam sintonizar a Rádio Paris, o Correio Parisiense ou a Rádio Cidade. A partir de 1935, a televisão, também controlada pelos correios, ofereceu um espetáculo revolucionário a algumas centenas de privilegiados dentre os moradores da capital.

4. Hôtel de Ville: uma Prefeitura republicana e nacional

A Primeira Guerra Mundial não chegou realmente a constituir uma ruptura política em Paris. A evolução para a direita, que havia começado nos primeiros anos da década de 1910, foi sendo progressivamente confirmada.

A vida política parisiense sofreu uma renovação em consequência dos grandes debates do pós-guerra.

A aliança republicana e nacionalista gozava de uma dupla continuidade: governara a Paris heroica, fortaleza diante do inimigo, e conservara as maiorias municipais de antes da guerra, entre 1909 e 1914. Os votos dos parisienses prolongaram a vitória e permitiram a retomada das obras iniciadas pelos nacionalistas. A esquerda socialista parecia ter de renunciar a toda esperança de reconquista. Contudo, denunciando a inadequação entre os sufrágios e as cadeiras dos distritos, com a representação excessiva dos bairros do centro da capital, o socialista Le Troquer começou a discursar em favor de um sufrágio censitário parisiense.

Duas semanas após as eleições legislativas, as eleições municipais foram marcadas também por um alto nível de abstenção (36,1%) e permitiram novamente o sucesso do Bloco Nacional no Conselho Municipal. Uma união ampla, que reunia Marie-Pierre Fortuné d'Andigné em um extremo com o outro ocupado por Ludovic Calmels, ganhou 49 das oitenta poltronas do conselho.

As décadas de 1920 e 1930 foram constituídas por anos de grande tensão política. O Partido Comunista Francês e as ligas da extrema-direita, desde a Ação Francesa até a Jeunesses Patriotes [Juventude Patriótica] se enfrentavam verbalmente e depois fisicamente nas ruas da capital. Em 1925 e 1929, as eleições municipais parisienses deram novamente a maioria dos assentos a conselheiros republicanos nacionalistas (47 edis em 1925, 52 em 1929).

Aos escândalos financeiros (Marthe Hanau e Albert Oustric) foi acrescentado, no começo do ano de 1934, o assassinato de Alexandre Stavisky, um especulador que se beneficiara do apoio de alguns parlamentares. Muito rapidamente, a capital passou por uma grande agitação provocada pela extrema direita, denunciando a cumplicidade entre o governo e o vigarista. Essa campanha de mobilização popular multiplicou as manifestações entre o Quartier Latin e o Boulevard Saint-Germain até as vizinhanças do Palais-Bourbon. O presidente do Conselho Municipal, Camille Chautemps, pediu demissão em 28 de janeiro. A partir de sua designação, o novo chefe do governo, Édouard Daladier, demitiu o chefe de polícia de Paris, Jean Chiappe, suspeito de cumplicidade com o Conselho Municipal e a extrema direita parisiense. Em sinal de solidariedade, Édouard Renard, o administrador do Sena, demitiu-se de suas funções. Mais uma vez, a Prefeitura se achava em efervescência. Um apelo a manifestações foi programado para o dia 6 de fevereiro.

A data de 6 de fevereiro de 1934 ficou marcada como um dos grandes dias parisienses, entre os mais importantes para a história de Paris e da França. Seu espaço, o teatro das operações, não ultrapassou alguns milhares de metros quadrados entre a Place de la Concorde e a Prefeitura, abrangendo os grandes bulevares da zona e o Palais-Bourbon. Foi um quadrado mágico em que se encontravam os principais centros e polos políticos da República. Na Câmara dos Deputados se abriu o debate sobre a investidura do novo gabinete dirigido por Édouard Daladier. A maioria do Conselho Municipal de Paris favorecia os manifestantes e apoiava Jean Chiappe. A direita parisiense manobrou durante várias semanas. Ela pretendia estabelecer uma pressão forte o bastante para modificar o equilíbrio das forças políticas surgidas das eleições municipais de 1932. Nesse sentido, o Hôtel de Ville, bastião das ideias nacionalistas, foi um evidente "centro político do dia 6 de fevereiro".

No dia 7 de manhã e até o dia 8, a França assistiu, na realidade, aos resultados de uma noite sangrenta, porque dessa vez os fatos podiam ser acompanhados pela leitura dos jornais e sobretudo por numerosas fotografias (rostos feridos e sangrando, corpos alinhados no hospital provisório que fora instalado no subsolo da Assembleia Nacional) publicadas pela imprensa nacional, provincial e local. São clichês que mostram o elemento suplementar de inquietação que se desenvolveu ao redor dos personagens dessa noite. A emoção transmitida pela imprensa foi igualmente muito forte no restante do país.

Na manhã do dia 7, o primeiro-ministro Daladier, que estava cada vez mais isolado, enviou sua carta de demissão dirigida ao presidente da República, Albert Lebrun, que já havia iniciado tratativas para a nomeação de Doumergue. O Conselho Municipal, as ligas e numerosos dirigentes políticos tinham atingido um de seus objetivos: a queda do ministério. A pressão das manifestações parisienses criou as condições para a demissão do governo. Em 8 de fevereiro, uma manifestação de entusiasmo da direita parisienses acolheu na estação ferroviária de Austerlitz o novo primeiro-ministro, ou presidente do Conselho de Estado, Gaston Doumergue.

Pode-se falar em um complô, em uma operação subversiva, em um golpe de força ou em uma ameaça fascista contra as instituições da República?

A esquerda socialista e os comunistas responderam separadamente e de formas diversas ao que consideraram ser uma ameaça fascista. Eles acusaram os principais responsáveis, os membros do Conselho Municipal de Paris que eram referidos como os "topázios" e chamados de sediciosos. Após a manifestação comunista do dia 9, o dia 12 de fevereiro foi tomado por uma reação sindical e política. Os comunistas e socialistas se manifestaram em passeatas separadas, antes de confraternizarem temporariamente na Place de la Nation.

Entre o verão de 1934 e julho de 1935, a Frente Popular se constituiu progressivamente. Em maio de 1935, o resultado das eleições municipais parisienses prenunciou sua vitória nacional nas eleições legislativas de abril e maio de 1936. A campanha mobilizou os participantes da jornada de 12 de fevereiro contra os homens responsáveis pelo 6 de fevereiro. Paul Rivet foi o primeiro parisiense eleito pela Frente Popular para o Conselho Municipal. Ele derrotou Georges Lebecq, presidente da União Nacional, que concorria à reeleição. Mas essa vitória simbólica não conseguiu esconder o essencial. A maioria municipal que concorria à reeleição foi reconduzida à direção do Hôtel de Ville, e Jean Chiappe, candidato pelo 6º arrondissement, foi eleito com grande apoio e escolhido como presidente do Conselho Municipal. Paris ancorava-se ainda solidamente nas forças da direita.

Mas, em Paris, a Frente Popular já foi festejada durante a imponente manifestação do 14 de Julho de 1935. O grande comício organizado na Place de la Bastille, um lugar simbólico, reuniu mais de quinhentos mil simpatizantes. As eleições legislativas demonstraram um movimento favorável à esquerda nos distritos da capital. A esquerda conquistou 27 assentos dos 41 que dependiam dos votos dos eleitores parisienses. A capital viveu, durante essa primavera e verão de 1936, no ritmo do entusiasmo nascido da vitória, com as negociações realizadas na mansão de Matignon e as greves maciças (abrangendo as grandes lojas, os meios de transporte, as fábricas de automóveis e a indústria de construção imobiliária, entre outros).

Em 1937, a Frente Popular se manifestou com firmeza. As greves se sucediam. A Exposição Universal de 1937 pagou um preço muito alto por essa situação social. As tensões internacionais crescentes foram simbolizadas pela apresentação, no pavilhão da Espanha republicana, do quadro *Guernica*, de Picasso. Perante as demonstrações de força hitlerista, a opinião pública se mostrava dividida. A recepção entusiástica de Daladier no aeroporto Le Bourget não serviu para ocultar a existência de um forte movimento contrário ao acordo assinado em Munique. Os parisienses percebiam os primeiros sinais da guerra que se aproximava. Em 2 de fevereiro de 1939, um movimento de resistência passiva mostrou na capital a dimensão real da oposição ao acordo. Em março, as primeiras máscaras contra gás começaram a ser distribuídas à população civil, e cartazes foram afixados às paredes indicando a localização dos abrigos (construídos sob as praças ou localizados em porões) para a eventualidade de ataques aéreos do inimigo. A guerra já se encontrava na mente de todos.

5. A ocupação nazista (1940-1944)

Durante quase um ano, a capital viveu o período da *drôle de guerre* [guerra de mentira], sem enfrentamentos na linha das trincheiras.[28] Em 31 de agosto de 1939, as crianças foram removidas. Usando bonés ou boinas tricolores e carregando pequenas valises, trinta mil garotos deixaram suas residências para se refugiarem nas províncias, distantes do perigo dos bombardeiros. As peças mais importantes dos museus também foram removidas. Os castelos do Vale do Loire e muitas abadias serviram de abrigo durante cinco anos para quadros, livros, estátuas e outras peças valiosas. Numerosos monumentos ficaram invisíveis, recobertos por grossas camadas de sacos de areia. A cidade tomava as medidas de proteção cabíveis, enquanto os parisienses, entre medo e descaso, buscavam distrações nos *music halls*, cinemas e teatros.

> Entre setembro de 1939 e junho de 1940, uma certa parte da população parisiense viveu como se nada estivesse acontecendo: as corridas recomeçaram nos hipódromos, enquanto os teatros, cinemas, cafés, salões de dança, cabarés e salas de variedades funcionavam da mesma forma que antes. Nessa área não ocorreu o menor racionamento. O cinema, como anteriormente, era mais acessível aos bolsos modestos. No inverno, as salas beneficiavam os espectadores com um certo aquecimento. Nunca houve públicos tão numerosos como durante a

---

28. No período entreguerras, a França construíra ao longo da fronteira uma impressionante série de fortificações, a Linha Maginot, continuada pela Bélgica, a que a Alemanha respondeu com a implantação da Linha Siegfried. Nenhum dos países atacou por ali, porque as baixas seriam imensas. Mas, contrariando as previsões, Hitler invadiu a Holanda (que fora poupada na Primeira Guerra Mundial) e conquistou a Bélgica pela fronteira desprotegida, passando para a França pela fronteira belga, onde as fortificações eram mais fracas. (N.T.)

guerra e a ocupação... Talvez isso fosse devido a uma reação contra a gravidade da situação, manifestada na forma de um certo otimismo superficial, algumas vezes tingido de humor, expressado por muitas das canções populares que alcançavam então os maiores sucessos. "*Dans la vie faut pas s'en faire. / Tout va très bien, Madame la Marquise…*"[29]

No entanto, a partir do momento em que começou o ataque (10 de maio de 1940), a guerra se tornou séria, e os exércitos nazistas se aproximaram rapidamente de Paris. Os obuses das peças de artilharia, os tiros dos tanques e os bombardeios aéreos das fábricas Citroën (3 de junho) foram seguidos de imediato pela chegada de uma massa de refugiados. A cidade entrou em estado de alerta.

Em 10 de junho de 1940, o governo abandonou a capital em pânico. No dia 12, pequenos cartazes assinados pelo general (francês) Dentz anunciavam: Paris é declarada cidade aberta. Dia 14, o exército nazista entrou na capital da França sem encontrar resistência. Com um desfile de cavaleiros, de infantaria, de carros blindados e de tanques, a ocupação começou. Nesse mesmo dia, Thierry de Martel, um famoso professor da Escola de Medicina, suicidou-se, recusando-se a viver sob as botas nazistas. Antes de se matar, ele escreveu: "Isso é algo que eu não posso fazer". A 24 de junho, Hitler desembarcou no aeroporto Le Bourget. Foi uma visita curta, de menos de três horas, mais para usar o terraço do Palácio de Chaillot como palco para seu triunfo fotografado e filmado.

Paris perdeu sua condição de capital. O general Philippe Pétain, sucessor de Paul Reynaud na presidência do Conselho de Estado (16 de junho), assinou o armistício em 22 de junho. Instalou a sede de seu governo em Vichy e, em 10 de julho, recebeu plenos poderes das Câmaras. Paris começou a viver segundo o fuso horário alemão (com o adiantamento de uma hora) e a obedecer às ordens dos ocupantes. Ficou sob o comando nazista da zona ocupada (Militärbefehlshaber im Frankreich [Comandante Militar da França]). As bandeiras ostentando a cruz gamada do Partido Nazista flutuavam sobre a

---

29. O melhor é não se preocupar com a vida. / Vai tudo bem, senhora marquesa... (N.T.)

cidade, que foi obrigada a recolher todas as bandeiras tricolores. O toque de recolher vigorava das 21 horas às cinco da manhã. Os soldados alemães eram onipresentes. A cada dia, a parada da troca da guarda na Avenue des Champs-Élysées era a reafirmação do domínio dos ocupantes e uma nova humilhação para os parisienses.

> Nenhum alemão pode se gabar de ter conhecido Paris entre 16 de junho de 1940 e 19 de agosto de 1944. Ora, é claro que eles andavam por lá, os vencedores, com seus uniformes *feldgrau* [cinza de combate] bem ajustados... Todos os dias, na hora estabelecida, ao longo dos Champs-Élysées, precedidos por um oficial a cavalo e por uma fanfarra de grandes bumbos, uma companhia de seus guerreiros robóticos afirmava com seus passos mecânicos: "Estamos aqui". E as bandeiras da "aranha entupida de sangue" e os lugares denominados "Soldatenheim" [Lar dos Soldados], "Soldatenkaffee" [Café dos Soldados] ou "Soldatenkino" [Cinema dos Soldados]... também estavam lá. Mas Paris... Paris estava ausente. Notre-Dame ainda guardava a Cité, o Sena desenrolava sua fita sedosa sob as pontes carregadas de história, entre os cais ornamentados com seus ancoradouros imutáveis. Do Castelo de Vincennes ao Palácio de Chaillot, do Panteão ao Sacré-Coeur [Igreja do Sagrado Coração de Jesus], os pontos mais altos da cidade prosseguiam em seu diálogo silencioso, testemunhas de tantas alegrias e de tantas tristezas, de tantas glórias e de tantos reveses, recobertos pela pátina nova do novo infortúnio. Contudo, Paris estava ausente, como se recoberta por uma máscara mortuária, como uma mulher condenada a sofrer os atos de um brutamontes que a conspurcava à vontade, enquanto sua alma voava em direção a um amor distante. (Adrien Dansette)

Durante quatro anos, a vida oscilava entre restrições e truques para sobreviver. Os cartões de racionamento foram emitidos pela primeira vez em setembro de 1940. Os bilhetes e cupons eram bens preciosos e indispensáveis para se obterem alimento, roupas, tabaco e carvão. As filas de espera diante das padarias e açougues eram o destino de todos os dias. Mas ao lado desse circuito oficial organizou-se o mercado negro. Inversamente, os soldados alemães lucravam com uma taxa de câmbio arbitrária (um marco por vinte francos) que lhes assegurava uma vida agradável.

A partir de junho de 1940, foram suspensas as sessões do Conselho Municipal de Paris. Por outro lado, a ocupação aumentou os poderes dos dois préfets. Em dezembro de 1941, o governo de Vichy nomeou uma nova Assembleia Municipal. A primeira sessão foi presidida por Charles Trochu, a 12 de janeiro de 1942. Em abril de 1943, a presidência passou para Pierre Taittinger.

Na capital, os nazistas aplicaram sua política antissemita. Os judeus foram perseguidos, excluídos das profissões, proibidos de entrar em muitos lugares e obrigados a usar a estrela amarela. Com a colaboração da polícia francesa, redes foram lançadas por toda a cidade para capturar os judeus em 16 e 17 de julho. Reunidos em Vel'd'Hiv, milhares de judeus foram enviados para os campos de concentração. A partir de 11 de novembro de 1940, por meio de uma manifestação no Arco do Triunfo, os estudantes organizaram a resistência ao invasor. Diversos grupos e redes subterrâneas combatiam a colaboração e atacavam o exército de ocupação: atentados individuais, imprensa clandestina, inscrições nas paredes. Em maio de 1943, na Rue du Four, sob a direção de Jean Moulin, o Conselho Nacional da Resistência efetivou sua primeira reunião. Em setembro de 1943, foi criada a Comissão Parisiense de Libertação, ou CPL.

> A CPL é formada por organizações que não são representadas no Conselho Nacional da Resistência, muitas vezes de inspiração comunista (a Assistência Francesa, as Forças Unidas da Juventude Patriótica, a União das Mulheres Francesas, os Comitês Populares, entre outros). Isso permite compreender as oposições que surgiram, desde o período da clandestinidade, entre o partido gaullista e a CPL, a qual, depois da Liberação, exerceria funções no Conselho Municipal de Paris e se instalaria, portanto, no Hôtel de Ville, o local emblemático das revolução de 1830, 1848 e 1870.

Durante a guerra aérea que opôs os aliados aos nazistas, a capital e os bairros foram frequentemente bombardeados.

Na noite de 20 para 21 de abril de 1944, o reides aéreos dos aliados e seus "tapetes de bombas", que destruíram a estação ferroviária de Chapelle (no 18º arrondissement), provocaram 650 mortes e arruinaram centenas de prédios. Para participar dos funerais dessas vítimas, o marechal Pétain se apresentou pela primeira vez em Paris desde a ocupação. Em 26 de abril, diante do Hôtel de Ville, ele foi ovacionado por mais de quinhentos mil parisienses. A notícia do desembarque anglo-americano em 6 de junho [na Normandia] foi rapidamente difundida entre a população parisiense. Em 28, Philippe Henriot[30] foi assassinado por partidários da CPL. Paralelamente ao avanço das tropas aliadas, os movimentos grevistas ordenados pela resistência parisiense paralisavam a rede ferroviária, os correios e até a polícia. Em 19 de agosto, as Forças Francesas de Insurreição, o Conselho Nacional de Resistência e a Comissão Parisiense de Libertação lançaram simultaneamente a palavra de ordem para o início da insurreição na capital. Os edifícios públicos foram ocupados e barricadas erguidas pelas ruas. ("Toda a população deve, por todos os meios a seu alcance, impedir a circulação do inimigo. Derrubem as árvores, abram fossos antitanques e levantem barricadas nas ruas. Os Aliados devem ser recebidos por um povo de vencedores...")

E realmente, no momento em que a Divisão Leclerc entrou em Paris, em 24 de agosto, os parisienses já haviam libertado parcialmente a capital. No dia 25, o general Von Choltitz assinou a capitulação alemã. O general De Gaulle chegou em 26 de agosto, passando sob o Arco do Triunfo. Paris transbordou de alegria.

---

30. Philippe Henriot (1889-1944): membro de organizações de extrema direita e propagador de ideais nazistas durante a Segunda Guerra Mundial. (N.T.)

Capítulo VI
O brilho de uma metrópole (1944-1999)

1. A libertação de Paris

A partir de 22 de agosto de 1944, os novos nomes intitulando as publicações da imprensa parisiense (*Libération, Combat, Le Parisien liberé* etc.) já ressoavam como símbolos da vitória que se aproximava. A Divisão Leclerc se dirigia para as portas de Paris. No dia 24, uma mensagem impressa em folhetos lançados de avião anunciou a chegada iminente das tropas francesas ("O general Leclerc me encarregou de lhes dizer: 'Tenham coragem, pois estamos chegando'. Tenente-coronel Crespin.") Paralelamente, as retransmissões telefônicas permitiam aos parisienses serem informados sobre o avanço dos Aliados. Naquela noite, o capitão Dronne entrou na cidade com três tanques – denominados Champaubert, Montmirail e Romilly – e se apresentou com eles no Hôtel de Ville. Uma delegação foi recebida pelos membros do Conselho Nacional de Resistência e pela Comissão Parisiense de Libertação. Os sinos de Notre-Dame, do Sacré-Coeur e de Saint-Sulpice começaram a soar. Paris passou por uma noite de esperança, mas também pelos últimos gestos dos ocupantes (incêndio do Grand-Palais, intensos disparos de artilharia e destruição cuidadosa do material de guerra que sobrara). Na manhã seguinte, a capital se engalanou com as cores tricolores para festejar a entrada da Segunda Divisão Blindada de Leclerc, que penetrou na cidade pela Porte d'Orléans. O general instalou seu quartel-general da estação ferroviária de Montparnasse. O Hôtel Meurice, em que se abrigava o governador militar alemão de Paris, general Von Choltitz, foi cercado e invadido pelos soldados do general Billotte. Na tarde de 25 de agosto, na presença do coronel Rol-Tanguy e no posto de comando de Leclerc, o general Von Choltitz assinou o documento definitivo da rendição alemã, ordenando a todas as tropas nazistas a cessação imediata dos combates. Mas muitos enfrentamentos e mortes ainda ocorreram durante várias horas (no Palais-Bourbon, na Escola de Engenharia de Minas, no Ministério da Marinha e no Hôtel Crillon, por exemplo). Nesse mesmo dia, De Gaulle entrou na capital. Ele foi diretamente reocupar sua escrivaninha no Ministério da Guerra, na Rue Saint-Dominic, que tinha deixado em junho de 1940. Mas foi pronunciar seu primeiro discurso nas sacadas do Hôtel de Ville.

> Há minutos, como todos nós sentimos, que ultrapassam cada uma de nossas pobres vidas. Paris, Paris ultrajada, Paris quebrada, Paris martirizada, sim, mas Paris libertada...

Em 26 de agosto de 1944, a população da cidade, de sua capital recuperada, parece ter saído inteira para as ruas a fim de viver essas horas de libertação.

O Arco do Triunfo, a Champs-Élysées, Notre-Dame... De Gaulle foi saudado por uma multidão imensa – "o mar", segundo a expressão que ele mesmo empregou em suas *Mémoires de Guerre*. As imagens desse dia são de rostos alegres de crianças, mulheres e homens, ovações lançadas para "o homem do 14 de junho", lágrimas correndo a cada vez que soava a Marselhesa, mas também das últimas salvas disparadas por milicianos emboscados nos telhados da Rue de Rivoli ou perto da Catedral de Paris. Ao entardecer, bombas lançadas pela Luftwaffe atingiram vários quarteirões.

> Os predadores fugiam para o leste, mas sua sombra vermelha ainda cobria a cidade em chamas. A águia alemã finalmente deixara a presa que mantivera quatro anos entre suas garras, sem ter conseguido matar nem seu corpo, nem sua alma.

Mas os parisienses ainda passarão privações durante longos meses. A impopularidade do Serviço de Abastecimento e de seu diretor, Paul Ramadier, já se notava nas primeiras pesquisas de opinião realizadas pelo IFOP (Instituto Francês [de Pesquisa] da Opinião Pública). A Comissão de Libertação Parisiense interveio para denunciar a penúria popular. Mas até 1949 houve filas de espera e os talões de racionamento ainda eram a marca da vida quotidiana. O decreto de 14 de maio de 1947 estabeleceu cinco categorias de consumo. Os carnês de racionamento do pão foram suprimidos em 1º de novembro de 1945, mas restabelecidos no fim de dezembro. Foi necessário esperar até fevereiro de 1948 para que a venda do pão fosse totalmente liberada. Em maio de 1949 ainda existia racionamento de café, óleo de cozinha, arroz e açúcar. Foi somente no começo da década de 1950 que terminou o tempo da penúria.

Paris recuperou progressivamente seu ânimo festivo e se renovou com a liberdade. O espírito inovador se expressou em diversos setores. O primeiro número do diário *Le Monde* apareceu a 18 de dezembro de 1944. As *Nouvelles Messageries* [Mensagens novas], com um resumo das notícias publicadas pela imprensa parisienses, cuja função foi tão importante para o país tomado em seu conjunto, nasceram em 2 de abril de 1948. O Museu de Arte Moderna foi aberto em junho de 1947. Em março de 1945, o filme *O bulevar do crime*, de Carné e Prévert, estava em cartaz em todos os grandes cinemas da capital. No contexto da cinematografia renovada, N. Védrès apresentou, em 25 de janeiro de 1948, uma montagem de arquivos intitulada *Paris 1900*. Apesar disso, foi em Cannes que se inaugurou o Festival Internacional do Cinema, em 1946. Como prêmio de consolação, em 3 de outubro de 1946 se abriu em Paris o Salão Internacional do Automóvel. O Renault 4 cv foi apresentado como um carro popular. No Grand-Palais, a capital recebeu o primeiro Salon de l'enfance [Exposição de trabalhos infantis], em 1949.

Na Paris do pós-guerra, a juventude e os existencialistas tomaram conta dos espaços de Saint-Germain-des-Prés: o Café de Flore, Les Deux-Magots[31], a cervejaria Lipp, os bares das caves [porões] e Le Tabou. A música de Sidney Bechet, o pistão de Boris Vian, o *bebop*, o jazz no clube da Rose-Rouge, os irmãos Jacques e Juliette Gréco animavam as noites do bairro. A imprensa sensacionalista denunciava a decadência pós-liberação. A revista *Les Temps Modernes*, surgida em 1945, reunia artigos de Sartre, Simone de Beauvoir e Michel

---

31. Os Dois Macacos ou os Dois Feiosos, referência a dois bonecos de porcelana. (N.T.)

Leiris. Em 1946, Sartre apresentou uma conferência sobre *a responsabilidade do escritor*. Suas peças teatrais (*Morts sans Sépulture* [Mortos insepultos] e *A prostituta respeitosa*) causaram escândalo ao serem apresentadas no Théâtre Antoine.

Os existencialistas parisienses eram motivo de troça ("Parece que um ciclista anônimo quase derrubou Beaufret na rua e lhe gritou: 'Ei, te vira, existencialista!', e até mesmo as crônicas desportivas começavam com piadas grosseiras sobre o existencialismo." – Simone de Beauvoir) e serviam como assunto na imprensa voltada para escândalos.

Paris renasceu em 1951 e festejou sua história. Para a celebração do Segundo Milenário, o Parc de Bagatelle reuniu os prefeitos das maiores cidades do planeta. Os Cahiers d'Art et d'Amitié consagraram um número especial à glória de Paris, celebrada por seus poetas e escritores.

> Oh, Paris, dois mil anos de juventude imortal!
> Nasceste em tua ilha de areia e nos teus olhos
> Está a água pálida do Sena, com seus longos cabelos
> De neblina, em que se embalavam os caniços da Lutécia.[32]

2. A reorganização do espaço: existe a Grande Paris?

O pós-guerra marcou um ligeiro aumento da população parisiense. A cidade se aproximava dos números do último recenseamento, em 1936. Em 1946, o número de habitantes era de 2.725.000, atingindo 2.850.000 em 1954. Na mesma data, 135 mil estrangeiros viviam na capital, principalmente argelinos, marroquinos, italianos e espanhóis. Desde a metade da década de 1930, a diminuição regular da taxa de natalidade da população era perceptível. Notaram-se os primeiros índices desse fenômeno entre 1954 e 1962, com uma regressão anual de 0,3%, taxa que foi se acelerando (1,2% a 1,7%) entre 1962 e 1975. Paris apenas apresentou parcialmente o *baby boom* [explosão de natalidade] que caracterizou então a demografia

---

32. "*Ô Paris, deux mille ans d'imortelle jeunesse! / Tu naquis de ton île de sable, en tes yeux / L'eau pâle de la Seine, avec de longs cheveux / De brume où se berçaient les roseaux de Lutèce.*" (N.T.)

francesa. A principal cidade da França contava com 2.753.000 habitantes em 1962, ou seja, uma queda de quase cem mil habitantes, um fenômeno progressivo que a deixou com menos de 2,3 milhões em 1975. Após o final da década de 1970, a população se estabilizou ao redor de 2, 1 milhões (2.168.000 em 1982, 2.152.000 em 1990).

Nos dias que se seguiram ao segundo conflito mundial, a prioridade era sempre o alojamento. A nostalgia da Paris-aldeia não podia ocultar a insalubridade de numerosos bairros da capital. No momento em que Le Corbusier desenhava os planos de renovação de Marselha, a capital desenvolvia uma política que visava à supressão dos pardieiros existentes nos distritos e das favelas da periferia. A crise do alojamento que se manifestara agudamente entre as duas guerras não chegara a ser resolvida. O parque imobiliário se caracterizava pela antiguidade dos prédios, um bom número dos quais havia sido construído antes de 1871 (35% deles datavam desse período, conforme o censo de 1954) e pela ausência de projetos de construção. Em 1954, 81% dos alojamentos ainda não dispunham de banheiros próprios e 55% não tinham sequer privadas.

> A população de Paris aumentava em cerca de cinquenta mil pessoas por ano (379 mil novos habitantes entre 1946 e 1954), ao mesmo tempo que a população anterior já estava bastante mal alojada e os imóveis tinham sido negligenciados por 25 anos e depois completamente abandonados durante o conflito. Cem mil moradias da capital eram insalubres; noventa mil quartos mobiliados e declarados inabitáveis pela saúde pública ainda eram habitados. Praticamente a metade dos apartamentos parisienses se encontrava em situação deplorável, sem latrina e sem banheiro. A tuberculose continuava grassando no pós-guerra: a cada ano, matava 33 pessoas por cem mil na área dos Champs-Élysées, 142 em média na maior parte dos outros bairros de Paris, mas 877 entre os locatários de quartos mobiliados.

Nos pontos em que havia ainda espaço livre, geralmente nas proximidades das estações ferroviárias, instaladas na periferia da cidade, viviam as famílias mais pobres, entocadas em barracos de madeira e lona. A lei de 1º de setembro de 1948, apresentada por Eugène Claudius-Petit, ministro das Construções, tentou controlar o mercado imobiliário. A partir dos anos 1950, as chamadas Residências de Baixo Aluguel (HLM, Habitations à Loyers Moderes), criadas pela lei de 21 de julho de 1950, começaram a se erguer do solo. Durante o mandato de Claudius-Petit e de Courant, seu sucessor, o número das construções de moradias aumentou em ritmo acelerado. A Caisse des Dépôts [Caixa Econômica] participou no financiamento desse esforço de caráter nacional.

De fato, a obtenção de moradia continuou sendo uma prova difícil para as famílias. As condições climáticas do inverno de 1953-1954 revelaram de maneira dramática a condição dos sem-teto. O abade Pierre iniciou uma campanha, albergando centenas de famílias em acampamentos de tendas de lona. Em 23 de março de 1954, foi criada a Organização Emmaüs [Emaús]. O decreto de 1953 fixou o "um por cento", obrigação das empresas com mais de dez assalariados a destinar um por cento da massa salarial para a construção de moradias. Na periferia da cidade, foram implantadas as Zones d'Aménagements Concertées [Zonas de Administração Conjunta, ou ZAC], especialmente no bairro de la Glacière [Geladeira] e no setor mais velho do bairro de Vaugirard. A capital finalmente descobriu os imóveis de muitas dezenas de andares (chamados de *barres* ou *tours*). Na Rue Croulebarbe do 13º arrondissement, se elevou em 1961 o primeiro arranha-céu (*gratte-ciel*) parisiense, com 67 metros de altura.

Contudo, devido ao intenso crescimento da população nessa época, a grande demanda ultrapassava de longe a procura. Para conseguir melhor habitação, um número crescente de parisienses deixava seus bairros centrais e partia para os bairros externos. Fora da capital, multiplicavam-se os grandes conjuntos residenciais, particularmente Sarcelles (1954).

Nessa organização do espaço, o Estado se esforçou bastante para intervir. Jacqueline Beaujeu-Garnier observa com exatidão:

> Logo se percebeu que era impossível deixar as coisas se arranjarem por si mesmas. A cidade precisava ser saneada e modernizada; as aglomerações, disciplinadas; a região circundante,

freada em seu dinamismo devorador. Frear e disciplinar, tais deviam ser as palavras-chave da década que se iniciava... Paralelamente às medidas tomadas para frear a expansão da região parisiense, consideradas demasiado rigorosas, foi preparada uma reorganização interna, destinada a disciplinar a *pagaille* [confusão, desordem] que dominava muitas áreas e ameaçava crescer ainda mais, até tornar a vida impossível. O impulso de urbanização regional estava pejado de consequências: uma parte central superlotada que se derramava progressivamente para a periferia, enquanto os subúrbios exteriores eram deixados ao acaso da especulação. Era preciso reagir.

Esses debates e tomadas de decisões ocorreram no centro de um contexto marcado pela publicação do livro de Jean-François Gravier, *Paris et le désert français* [Paris e o deserto francês], em 1947.

A capital sofreu rapidamente demais os efeitos de uma política de descentralização. A cidade passou por uma desindustrialização perceptível. Muitas grandes empresas (Citroën, Say, Panhard, Snecma, entre outras) abandonaram os distritos periféricos onde haviam sido implantadas. A lei de 1955 obrigava os industriais a obter inicialmente o aval do governo para toda construção superior a quinhentos metros quadrados. Tal fenômeno de transferência das indústrias se desenvolveu em ritmo constante ao longo das décadas de 1950 e 1960. Cinco milhões de metros quadrados de superfícies anteriormente industriais foram demolidos. Essa grande modificação da paisagem urbana atingiu em particular os 13º, 15º, 19º e 20º arrondissements. As novas construções (especialmente prédios de escritórios, grandes casas de comércio e bancos) estabeleceram um novo mapa de atividades urbanas:

> O equilíbrio global entre demolições e construções novas é quase perfeito, mas a redistribuição proposta desenha uma nova repartição das atividades parisienses e reforça as antigas divisões que as modificações haussmannianas já haviam contribuído para acentuar. Os "bairros bons" do oeste parisiense (8º, 16º e 17º arrondissements) concentram mais de um terço das novas superfícies oferecidas para prédios de escritórios, apenas um quinquagésimo dos novos locais destinados a ser-

viços públicos e 1/25 das áreas oferecidas para estabelecimentos industriais. O centro antigo oferece mais novas superfícies do que locais destruídos, mas se desindustrializa muito rapidamente, em especial na margem esquerda. Finalmente, a vocação industrial de Paris agora somente se confirma na parte nordeste da capital, entre o 18º e o 20º arrondissements, o único conjunto em que as novas construções industriais são quase comparáveis às antigas fábricas suprimidas e em que a parte reservada para escritórios e serviços públicos é mantida em nível muito baixo. (Maurice Garden)

Paris conservou, não obstante, as atividades de direção e de técnica avançada e se tornou "o centro de gestão dos negócios franceses" (Pierre George).

Concomitantemente, as respostas aos problemas apresentados pela capital estavam sendo, com frequência cada vez maior, substituídas por um arcabouço de maior abrangência, que levava em considerações os relacionamentos entre Paris e seus subúrbios ou os existentes entre Paris e as províncias. O Estado intervinha cada vez mais no controle da região parisiense a fim de restabelecer o equilíbrio entre o lugar ocupado pela capital e o conjunto da França. Resumindo esses novos dados nacionais e parisienses, Marc Ambroise-Rendu criou uma fórmula divertida: "Um pé no freio em Paris, enquanto o outro aperta o acelerador até o fundo nas províncias; foi essa a conduta, durante trinta anos, dos que pretendiam administrar o território inteiro como um todo".

Nessas décadas, de 1950 e 1960, considerados sua população e seu dinamismo, Paris era a única das grandes cidades francesas a apresentar uma dimensão europeia. Para fazermos uma comparação simples, a Alemanha Ocidental contava então com muitas cidades de mais de um milhão de habitantes (Hamburgo, Munique, Frankfurt, entre outras). A escala de respostas aos problemas da habitação e dos transportes ultrapassou os limites da cidade para englobar os departamentos do Sena e do Seine-et-Oise. O Projeto Prost de 1932 (administrar globalmente a região parisiense) foi novamente colocado em andamento. Em agosto de 1960, impulsionado principalmente por monsieur Gibel, tornou-se realidade o PADOG (Plan d'Aménagement et d'Organisation Générale de la Région Parisienne [Plano de Administração e de Organização Geral da Região Parisiense]). Em 1961, foi criado o distrito de Paris. Sua direção foi entregue a Paul Delouvrier, nomeado pelo governo com o título de delegado-geral. A autarquia gozava de autonomia financeira. Sua missão era considerável, porque tinha de organizar a administração e o equipamento de toda a região. Em 1964, sete departamentos foram criados pela divisão dos antigos departamentos de Seine e de Seine-et-Oise. Essa lei, de 10 de julho de 1964, tornou Paris ao mesmo tempo um município e um departamento e lançou a semente da questão sobre o futuro estatuto de Paris (1975).

Em 1965, foi estabelecido o Esquema Diretor de Administração e Urbanização da Região de Paris. Enfatizava a criação de dois grandes eixos de desenvolvimento (sul-leste e norte-oeste) e propunha a criação de novas cidades-satélites, localizadas a distâncias variáveis, entre vinte e cinco e cinquenta quilômetros da capital.

No setor dos transportes, os novos dados (o grande crescimento da população suburbana e a estagnação da população parisiense) impuseram importantes modificações. No final da década de 1960, os departamentos de Val-de-Marne, Hauts-de-Seine e Seine-Saint-Denis já tinham uma população conjunta superior a 3,1 milhões de pessoas. A partir de 1948, a Régie Autonome des Transports Parisiens [Direção Autônoma dos Transportes Parisienses], uma empresa nacionalizada, foi encarregada de gerenciar o conjunto dos meios de transportes urbanos. Foi criada a REF, a Réseau Express Regional [Rede Expressa Regional] para estabelecer a ligação entre as linhas do metrô e a rede ferroviária de superfície. A divisão entre os subúrbios e Paris foi assim finalmente fechada. Os trabalhos duraram oito anos (1961-1969). A primeira linha ligava a estação metroviária da Place de la Nation à estação ferroviária de Boissy-Saint-Léger, ocasião em que foram introduzidas as novas passagens magnéticas.

Sobre esse plano diretor parisiense, a questão da localização dos automóveis se tornava cada vez mais aguda. Em 1957, foi iniciada a construção do bulevar periférico. O primeiro trecho (quarenta quilômetros) foi aberto em 1960, a partir da Porte d'Italie, seguindo pela autoestrada do sul. Esse cinto colocado ao redor de Paris foi terminado em abril de 1973. Entre 1964 e 1968, as avenidas localizadas junto aos muros de contenção da margem direita do rio foram modificadas com vistas à criação de uma via expressa. Um projeto idêntico para a margem esquerda foi suspenso em 1974.

Cada uma dessas transformações participou, em primeiro lugar, do desenvolvimento de Paris e nos conduz a uma interrogação sobre a realidade da integração da capital dentro da região Île-de-France. Nesse último quarto de século, Paris se acomodou bastante aos hábitos de uma metrópole europeia, tornando-se um polo de decisões e de administração, coração de relacionamentos econômicos e financeiros e de trocas entre seres humanos. Neste começo do século XXI, o desenvolvimento da região da capital está na ordem do dia das ações governamentais. A concepção de uma "Grande Paris" se estabeleceu a partir de alguns algarismos. Uma capital de 105 quilômetros quadrados cercada por uma grande periferia. Uma pequena coroa de 762 quilômetros quadrados com 6,4 milhões de habitantes. Recordemos que a "Grande Londres" tem 1.580 quilômetros quadrados e cerca de 7,5 milhões. Esse debate nascente (ou renascente) sobre uma estrutura metropolitana conduziu a uma ampla reflexão (transportes, habitação, ambiente etc.) a respeito de sua organização tanto econômica como social e política.

3. Um prefeito para Paris

Durante este último meio século, Paris nunca deixou seu papel de atriz principal na vida política francesa, ao mesmo tempo que manteve sua condição de agitadora de ideias. Em 1947, as tensões interiores ligadas à demissão dos ministros comunistas por Ramadier sacudiram a capital. As numerosas greves do outono de 1947 perturbaram a vida diária de seus habitantes. No momento mais forte desse movimento, a 1º de dezembro, Paris chegou a ficar sem eletricidade. Os vagões do metrô foram imobilizados durante algumas horas. Os efeitos da Guerra Fria também foram vistos nas ruas da capital. Em 11 de novembro de 1948, violentos embates opuseram os militantes comunistas e a polícia. Os dois órgãos da imprensa comunista, *L'Humanité* e *Ce Soir,* tiveram sua circulação proibida. Durante essa batalha entre os partidários de cada bloco, o Salão do Automóvel apresentou, em setembro de 1948, um quadro de Fougeron, *Parisiennes au Marché* [Mulheres parisienses fazendo compras], que pretendia ser a primeira contribuição francesa para o realismo socialista. Após a oposição do Partido Comunista Francês à visita do general Eisenhower, em janeiro de 1951, a vinda do general Ridgway provocou importantes tumultos (um morto e muitas centenas de prisões).

> Para o Partido Comunista, Paris permanece o elo essencial para uma corrente de progresso em que todos os progressistas, tanto da política como das ideias e das artes se devem unir para defender e ilustrar. É em Paris que se travam os combates ideológicos e políticos contra o imperialismo americano e o colonialismo e em favor da paz; é em Paris que sobem ao palco os debates estéticos essenciais em torno do novo realismo na arte. O Partido Comunista adere e participa desse mito fundador de Paris, do qual pretende ser o novo ilustrador, herdeiro dos *communards* da Comuna de Paris e dos Lumière, do mesmo modo que de todos os profetas românticos.

Em 1958, o general De Gaulle escolheu simbolicamente a data de 4 de setembro e a Place de la République para lançar a campanha do referendo. Diante de um palco montado por André Malraux, ele apresentou aos parisienses seu projeto de uma nova constituição para a França. Durante os últimos meses do conflito argelino, a vida dos parisiense foi marcada pelos atentados da Organização Argelina de Separação e por grandes manifestações. Em 8 de janeiro de 1962, o apartamento de Sartre foi destruído pela carga de um explosivo de plástico. No dia 17, a capital foi sacudida por uma série de atentados orquestrados. Em 17 de outubro de 1961 e depois em 8 de fevereiro de 1962 (junto à estação Charonne do metrô), a repressão contra as manifestações dos argelinos partidários da OAS e seus adversários deixou muitas dezenas de mortos.

Durante os anos da década de 1960, muitos eventos ressaltaram a atualidade da capital e dos parisienses. A cidade recebeu a visita dos grandes personagens do planeta: Martin Luther King, em maio de 1960, John Kennedy, em junho de 1961. Em outubro de 1969, a cidade festeja os heróis da expedição Apollo XI (Armstrong, Aldrin e Collins). Durante os anos do twist, Paris foi o teatro da grande reunião de seus apreciadores [*copains*], na Place de la Nation, durante a noite de 22 para 23 de junho de 1963. Essa noitada gratuita, organizada pela Rádio Europa número 1 e pela revista *Salut les Copains* [Saudação aos Companheiros], agrupou mais de duzentos mil jovens parisienses e dos subúrbios. Ocorreram momentos de emoção na capital em outubro de 1963 durante o enterro de Edith Piaf, no cemitério Père-Lachaise. Mas o herói do ano de 1967 foi um faraó: a exibição da múmia de Tutancâmon atraiu 1,2 milhão de visitantes ao Grand-Palais.

Em 1968, da Rue Gay-Lussac ao Odéon, da Sorbonne aos Champs-Élysées, os dias do mês de maio apresentaram uma agitação bastante parisiense. Após um primeiro ato nos edifícios da recém-fundada Universidade de Nanterre, o movimento dos estudantes transcorreu (dia e noite) nas ruas, nos bulevares e nos teatros da capital. A partir de 2 de maio, a agitação estudantil conquistou o Quartier Latin e organizou paradas e barricadas, levando a enfrentamentos com a polícia que retomavam o antigo ritmo da vida de Paris. Na noite de 10 para 11 de maio, ocorreram arruaças consideráveis em muitas ruas da capital. A greve geral de 13 de maio, dez anos após o retorno a Paris do general De Gaulle, foi acompanhada por um desfile imponente que percorreu as maiores artérias da cidade. Nesse mesmo dia, a Sorbonne e o Odéon foram ocupados. Foi somente ao sair novamente de Paris e deixar a França que o chefe do Estado conseguiu causar um choque na opinião pública. Seu discurso transmitido em cadeia radiofônica, em 30 de maio, foi acompanhado por uma importante manifestação de seus partidários, que ocupou todo o espaço entre as praças de la Concorde e de l'Étoile. Em 29 de junho, assim que foram escrutinados os votos para as eleições legislativas, revelou-se até que ponto Paris havia respondido favoravelmente ao seu apelo. A ancoragem na direita estava confirmada. Todos os deputados parisienses eram favoráveis ao novo governo chefiado por Couve de Murville.

Ao lado de lugar principal ocupado pela cidade na história nacional, surgiu a questão do estatuto da cidade. Desde o verão de 1944, a Comissão Parisiense de Libertação havia assumido o controle do Conselho Municipal e do Conselho Geral do Sena. Esse parêntese durou um pouco mais de seis meses, de agosto de 1944 a março de 1945. Em abril de 1945 ocorreram as primeiras eleições municipais do pós-guerra. As parisienses (estas foram as primeiras eleições em que foi permitida a participação das mulheres) e os parisienses tinham de eleger proporcionalmente, em seis setores, um total de noventa conselheiros. Foram apresentadas 108 listas no conjunto dos setores. Em comparação com as eleições de maio de 1935, essa consulta marcou uma guinada para a esquerda, que recuperou a maioria de assentos no Conselho Municipal. Principal partido em Paris, triunfador nessa batalha eleitoral, o Partido Comunista Francês obteve 30,9% dos sufrágios depositados, correspondentes a 27 cadeiras. O partido decidiu retirar o candidato que apresentara à presidência do Conselho Municipal (Henri Gourdeaux), permitindo assim a eleição de seu aliado socialista, Le Troquer. Durante dois anos (1945-1947) a esquerda conservou a direção da prefeitura. As eleições municipais de 1947 desmontaram esse equilíbrio político. O novo partido político denominado RPF (Rassemblement du Peuple Français [Reunião do Povo Francês]), criado em abril pelo general De Gaulle, foi indicado por 55% dos votantes para presidir o Conselho Municipal. De seus candidatos, 52 foram eleitos, portanto a maioria absoluta das cadeiras. Pierre De Gaulle foi eleito presidente do conselho. Mas a divisão do partido gaullista permitiu em 1953 a vitória da direita independente e a eleição de Édouard Frédéric-Dupont à presidência, entre 1953 e 1954. Foi sucedido consecutivamente por Bernard Lafay, Jacques Féron e Pierre Ruais. As eleições de março de 1959, com o sucesso de Pierre Devraigne, da União Nacional Republicana, marcaram o retorno dos gaullistas à direção da Prefeitura. Mas novamente a direita parisiense foi dividida, agora pela guerra na Argélia. Em 1962, Pierre-Christian Taittinger conquistou a poltrona presidencial. Ao longo dessas trocas políticas e pessoais no poder, permanecia o essencial: Paris continuava uma cidade sob a tutela do

Estado. Paralelamente à elaboração de um novo projeto de lei sobre um novo estatuto para a cidade de Paris, a direita giscardiana e o movimento gaullista cada vez mais se encontravam em oposição direta. O sucesso parisiense de Valéry Giscard d'Estaing nas eleições presidenciais de 1974 acelerou as mudanças. O chefe de Estado esperava ver seu candidato eleito para a Prefeitura de Paris. A lei de 31 de dezembro de 1975 dá (ou devolve) um prefeito à capital.

> Após longo debate no Parlamento, a lei que foi finalmente votada e aprovada apresentava diferenças sensíveis com relação ao projeto do Governo Central. A função municipal de Paris recebe prioridade com relação à função departamental. O número de conselheiros foi fixado em 109; o governo nacional recusou-se a aceitar um número superior defendido pelos conselheiros de Paris que já fora, inclusive, aceito pela Comissão Legislativa Parlamentar. As disposições referentes à duração dos mandatos e ao número de sessões, à convocação do Conselho de Paris, à eleição do prefeito e à constituição do Conselho em caráter secreto foram todas suprimidas, e o direito comum tornado aplicável em relação a todas essas questões. A limitação de dois mandatos para cada prefeito foi abandonada. O número de suplentes foi fixado em 27.

A campanha municipal de março de 1977 rapidamente adquiriu a atração de uma batalha pela posse de Paris. Na escadaria externa do palácio do Élysée, Michel d'Ornano, ministro da Indústria e prefeito de Deauville, anunciou sua candidatura (novembro de 1976). Mas já se preparava a reação gaullista (ou antes, chiraquiana). Em 11 de janeiro de 1977, Jacques Chirac, ex-primeiro-ministro, lançou sua ofensiva. Sua candidatura a essas eleições municipais lhes atribuiu uma dimensão de amplitude completamente nova.

> Eu venho à capital da França porque, em nossa história, desde a Revolução de 1789, cada vez que Paris tombou, a França foi vencida. (Jacques Chirac)

Mais uma vez, faltando um ano para as eleições legislativas, Paris demonstrou plenamente ser o cenário capital da vida política francesa. A cidade se tornava, por ocasião de uma eleição nacional, o centro de um enfrentamento entre o presidente do novo partido RPR (Rassemblement pour la République [Reunião em favor da República], movimento criado em dezembro de 1976) e principal componente da maioria parlamentar, e o chefe de Estado, através da candidatura do ministro da Indústria, Michel d'Ornano. A esquerda, conduzida por Henri Fizbin, do Partido Comunista Francês (PCF), e Georges Sarre, do Partido Socialista (PS), apresentou listas em comum. Outro motivo de interesse nessa nova consulta popular foi a participação do recém-criado movimento ecologista, chefiado por Brice Lalonde.

Os votos dos parisienses – em 13 de março e, no segundo turno, em 20 de março – e depois os dos conselheiros – em 25 de março (67 votos em 109) – elegeram Jacques Chirac como o 13º prefeito de Paris.

Contudo, o Estatuto da Cidade não ficou estabelecido definitivamente. Em junho de 1982, o governo chefiado por Pierre Mauroy anunciou um novo projeto, por meio do qual a capital foi novamente recortada em vinte prefeituras. Jacques Chirac denunciou publicamente as intenções destrutivas desse empreendimento.

A reforma do estatuto parisiense abriu as hostilidades entre o prefeito de Paris e o poder executivo nacional. Dois anos após a eleição de François Mitterand, dentro de um contexto de grandes tensões políticas, as eleições parisienses deviam decidir entre as listas concorrentes, apresentadas por Paul Quilès e pelo prefeito em fim de mandato. Em março de 1983, o grande sucesso eleitoral das listas de Jacques Chirac (que conquistou as vinte prefeituras) constituiu uma derrota para o chefe do Estado. Essa dominação da capital pelo RPR foi confirmada em 1989. Em 1995, a eleição de Jacques Chirac para a Presidência da República pôs termo à sua carreira de dezoito anos à testa da prefeitura e abriu caminho para a eleição de seu sucessor. Em 22 de junho, Jean Tibéri se tornou prefeito de Paris. A transição política foi das mais difíceis: questões judiciais e divisões internas entre a direita parisiense. A maioria municipal não ficou em boa situação durante a consulta municipal de março de 2001. Em um contexto nacional de coabitação, as listas da aliança de esquerda conquistaram doze distritos da capital e a maioria das cadeiras do conselho. Bertrand Delanoë, um senador socialista, foi eleito prefeito de Paris. Era a reconquista da capital pela esquerda. Em 2003, o biênio municipal de Bertrand Delanoë foi aprovado por grande maioria. Enfrentando a lista da UMP (Union pour un Mouvement Populaire), de Françoise de Panafieu[33], o prefeito socialista em fim de mandato consolidou sua base parisiense. A voz da esquerda novamente era majoritária na capital e teve outra vez a maioria das cadeiras no Conselho de Paris.

4. As grandes obras urbanas

Os grandes projetos e obras que modelaram Paris nesse fim de século foram iniciados ainda nos anos da década de 1950. O contexto econômico (os Trinta Anos Gloriosos) foi seu facilitador. A oeste da capital, a construção do CNIT (Centro Nacional de Indústrias e Técnicas), completado em 1958, constituiu o embrião do segundo centro de negócios. Foi desse modo que a capital se presenteou com sua própria Manhattan, durante um período marcado pelo seu crescimento. Em 1969, a criação da RER (Rede Expressa Regional) no local de uma estação ferroviária atribuiu a essa região sua verdadeira dimensão.

Em 1958, foram inaugurados os primeiros edifícios da UNESCO, extremamente modernos, construídos na Place de Fontenoy. Durante mais de dez anos (1952-1963) a Maison de la Radio [Casa do Rádio], projeto do arquiteto Henry Bernard, permaneceu como um dos grandes canteiros de obras do 16º arrondissement. Também se operaram transformações em muitos bairros parisienses (no Marais, em Saint-Germain-des-Prés, em Montparnasse e no Les Halles). Uma das prioridades do Conselho Municipal foi a salvaguarda e restauração do Marais (120 hectares), que foi determinada em primeiro lugar pela lei de 1962, apresentada pelo ministro da Cultura, André Malraux, para a preservação dos bairros de interesse históricos e arqueológico. Foram assim restauradas numerosas mansões (as mais célebres sendo as mansões de Sully e de Rohan) e os jardins de Saint-Paul.

---

33. Também o partido de Nicolas Sarkozy. (N.T.)

Desde o período entre as duas guerras, a ideia da reorganização do vasto mercado Les Halles vinha sendo estudada pelos sucessivos governos. A realidade parisiense, herdada do final do século XIX, já se demonstrava inadequada às necessidades da região. O desmantelamento do Les Halles foi decidido no começo da Quinta República, em 1962. Incluía a construção dos mercados de La Villette e de Rungis, em Val-de-Marne, e a abertura de um grande canteiro de obras no coração de Paris. A construção do abatedouro de animais em La Villette foi uma operação desastrosa que reuniu um escândalo a um rombo financeiro de um bilhão de francos. Em 1970, sem nunca ter sido realmente utilizado, o matadouro foi fechado e depois demolido. Quanto ao destino dos Pavilhões Baltard, permaneceu sem solução durante quase dez anos. Nesse espaço de quase dois hectares, foram finalmente construídos o Fórum (incluindo espaços comerciais, cinemas, a videoteca de Paris etc.), inaugurado em setembro de 1977, intercalado com espaços verdes, e o Centro Beaubourg (no prédio inicialmente destinado ao Ministério da Defesa), aberto em janeiro de 1977. Um dos Pavilhões Baltard foi conservado em Nogent-sur-Marne.

A reforma do bairro de Montparnasse foi iniciada em 1959. Após a demolição das antigas estruturas da SNCF (Société Nationale des Chemins-de-Fer Français) e a reconstrução da nova estação ferroviária (TGV, ou Trains à grande vitesse [Trens de alta velocidade]), foi iniciada a operação Maine-Montparnasse. Mais uma vez, a construção de uma torre centralizou debates e controvérsias. Enre 1969 e 1973, foram gastas 130 mil toneladas de concreto para edificar a Tour de Montparnasse, com 210 metros de altura. Foi proposto e depois abandonado um projeto para prolongar a autoestrada A10 (Radial Vercingetorix) até esse bairro.

Os projetos presidenciais entraram nesse conjunto de obras transformadoras da cidade. Iniciadas em um mandato, essas operações seguidamente foram inauguradas por um de seus sucessores.

No planalto de Beaubourg, bem no centro da capital, Georges Pompidou, apaixonado pela arte contemporânea, assumiu desde 1969 o papel de mestre de obras do futuro Centro de Arte e de Cultura projetado pelos arquitetos Piano e Rogers. No seio desse velho bairro (no antigo local do Les Halles) foi se impondo, através das polêmicas e ao longo dos anos, uma construção metálica (42 metros de altura por sessenta metros de largura e 1 metro e 60 de comprimento), revestida exteriormente por tubos pintados de cores muito vivas. A inauguração foi realizada pelo presidente Valéry Giscard d'Estaing em 31 de janeiro de 1977, dentro de um contexto político dominado pela batalha municipal entre D'Ornano e Chirac. A partir daí, o bairro se animou (exposições e espetáculos montados nas ruas), e nessa zona exclusivamente pedestre um liame (um itinerário) foi sendo progressivamente constituído entre o Centre Pompidou e o Forum Les Halles. No 12º arrondissement, o Palácio Omnisportes projetado por Bercy recriou a animação desportiva. O primeiro evento após sua inauguração (fevereiro de 1984) foi o retorno da prova dos Seis Dias Ciclistas de Paris.

No leste parisiense, Valéry Giscard d'Estaing lançou a pedra fundamental do Museu das Ciências e das Técnicas, projeto do arquiteto Adrien Fainsilber, no antigo terreno do fracassado matadouro de La Villette. A Cidade das Ciências foi aberta em 1986. Nesse espaço, passaram a coexistir o soberbo Géodo, completado em 1985 e dedicado à sétima arte (uma sala de cinema com tela esférica), e o Zenith [Zênite], inaugurado em 1984 e consagrado à música. O Museu d'Orsay também nasceu por iniciativa presidencial. A estação ferroviária construída no final do século XIX e inscrita no inventário dos monumentos históricos transformou-se em uma moldura espetacular para um museu destinado à apresentação das manifestações artísticas de 1848 a 1914. A fachada magnífica dessa estação constituía um trunfo prestigioso para essa nova operação, inaugurada em 1986 pelo presidente da República, François Mitterand, pelo primeiro-ministro, Valéry Giscard d'Estaing, e pelo prefeito de Paris, Jacques Chirac. Já o projeto de criação de um Instituto do Mundo Árabe, desenhado pelo arquiteto Jean Nouvel, encontrou maiores dificuldades. No papel, veio à luz em 1974. Mas o local em que seria implantado só foi definitivamente decidido em 1980, às margens do Sena, perto de Jussieu. Foi aberto em 1987.

Alguns meses depois de sua primeira eleição à presidência da República, o socialista François Mitterand anunciou oficialmente seus projetos para a capital. Os dois períodos de sete anos em que se manteve no cargo foram a expressão de uma vontade e de um prazer evidente em intervir e deixar sua marca na paisagem parisiense de que tanto gostava. Por outro lado, foi forçado a renunciar, em 1983, à sua ambição de organizar uma exposição universal em Paris para o ano de 1989. Os trabalhos presidenciais foram realizados em numerosos bairros. O caso do Grand Louvre foi o mais célebre. Inicialmente, ele impôs a retirada dos escritórios do Ministério das Finanças, que ocupavam uma parte do prédio. O ministério mudou-se para Bercy, nas margens do Sena, em novas construções planejadas pelo arquiteto Paul Chametov. A realização da pirâmide do arquiteto Leoh Mingpei foi muito discutida desde o começo. No centro do pátio de Napoleão, essa estrutura de vidro branco translúcido, com 22 metros de altura e 35 metros de largura, é hoje em dia uma peça essencial e muito apreciada do conjunto arquitetônico inaugurado em março de 1989.

Com a intenção de estimular os bairros da região leste, a Ópera da Bastilha estava em preparação desde fevereiro de 1982. Foi aberta às vésperas das cerimônias do Bicentenário da Revolução (como requeria o aniversário da Tomada da Bastilha!). Contudo, só começou a funcionar realmente dois anos mais tarde. O projeto de Carlos Ott foi o escolhido, mas permaneceu o mais contestado de todos, tanto pelo aspecto estético da realização como por seu alto custo.

O Grande Arche, na realidade um cubo vazio de 112 metros de altura, veio completar o desenvolvimento do bairro das repartições públicas, onde se estabelecera o Ministério da Defesa. A construção do arquiteto Otto von Spreckelsen se acha inscrita na continuidade de uma perspectiva leste-oeste, que vai do Louvre até La Défense. O projeto mitterandiano prolongou assim os desígnios reais e imperiais, das Tulherias à Place de la Concorde e à Place de l'Étoile. O edifício, inaugurado em 18 de julho de 1989, simultaneamente prende o olhar e constitui uma abertura que leva a visão para além do próprio Arche.

> Um cubo aberto.
> Uma janela para o mundo.
> Uma suspensão provisória sobre a avenida.
> Com um olhar para o futuro.
> O "Arco do Triunfo da Humanidade" será avistado desde longe, de todas as direções.
> Ao nos aproximarmos desse arco, descobrimos que se trata de uma grande praça coberta onde se podem realizar encontros e de onde é fácil partir para a descoberta de cada peça do grande complexo.
> (Johan Otto von Spreckelsen)

O último dos trabalhos presidenciais foi a Bibliothèque de France (do arquiteto Dominique Perrault), hoje renomada Biblioteca François Mitterand. Essa biblioteca, inaugurada em 1996, vem acolhendo progressivamente a quase totalidade das obras da antiga Biblioteca Nacional da Rue Richelieu e se tornou um polo de atração para os pesquisadores do mundo inteiro. Está situada na ZAC (Zone d'Aménagements Concertées [Zona de Administração Conjunta]) de Tolbiac, em um 13º arrondissement totalmente renovado pelas vastas operações de remodelação da Paris-Rive Gauche, que transformou a fisionomia dos quarteirões localizados entre a estação ferroviária de Austerlitz e a rodovia periférica.

Em 2005, depois de doze anos de reformas, o Grand-Palais foi reaberto com vitrais de beleza excepcional (custo total da operação: 101 milhões de euros). No ano seguinte, o panorama museológico (e arquitetônico) foi aumentado pela inauguração do Museu das Artes e Civilizações da África, da Ásia, da Oceania e das Américas. Situado no cais de Branly, cuja remodelação foi inaugurada nos últimos meses de seu mandato, esse museu de artes primitivas foi objeto de uma atenção particular da parte de Jacques Chirac.

Essas grandes realizações não devem deixar esquecer outros projetos que se referem à vida quotidiana de milhões de parisienses e suburbanos. No setor dos transportes, a RATP (Régie Autonome des Transports Parisiens [Direção Autônoma dos Transportes Parisienses]) abriu a Linha Meteor em 1995, que permite a ligação entre Bercy, Tolbiac, a estação de

Lyon com o Châtelet e a estação ferroviária de Saint-Lazare. Já a SNCF estabeleceu uma linha ligando La Villette ao Ministério da Defesa, em 1996. Ainda no que se refere à circulação, acrescentemos a inauguração do serviço de Tramway, em 1º de dezembro de 2006, percorrendo os bulevares des Maréchaux ao sul, entre a Porte d'Ivry e a Porte Garigliano, e o novo sucesso das pistas para ciclistas mantidas pela Velib, a rede de aluguel de bicicletas.

Paris ganhou assim grandes espaços verdes (cerca de noventa hectares em uma década): a Square de la Roquette, o Parc Georges-Brassens (sob as aleias para cavalos há uma famosa feira de livros que abre todos os fins de semana), o Parc André-Citroën, o Parc de la Villette e o Parc Buttes-Chaumont. Mais recentemente, foi aberto o "itinerário verde", que vai da Place de la Bastille ao Bois de Vincennes e ao Parc de Bercy. Com seus novos jardins, Paris se transformou em uma das capitais mais verdes da Europa. Ah, sim, a Paris-Paname continua a surpreender e a seduzir...[34]

---

34. Contração de Paris e *macadame* (asfalto). (N.T.)

Conclusão

No começo do século XXI, Paris, com uma superfície de 105 quilômetros quadrados, contava com 2,1 milhões de habitantes em 1º de janeiro de 2006. A cidade é o coração da região chamada de Île-de-France, com doze quilômetros quadrados e 11,5 milhões de habitantes. Paris nunca cessou de ocupar um lugar de destaque na França: sempre foi sua capital política, econômica e cultural. Ali se encontram as matrizes das mais importantes empresas nacionais. As grandes obras empreendidas pelos presidentes nesses últimos trinta anos lhe devolveram a condição de polo cultural mundial. Suas praças e bairros ilustram o brilho nacional e internacional de uma capital que pode pretender a conservação de seu papel de primeiro plano na Europa do século XXI.

Nostalgia? Peso do passado? Uma cidade-museu? Paris permanece acima de tudo o santuário de uma alquimia, de um mito em que se misturam imagens e imaginação. Nas ruazinhas do Marais, ao longo dos cais do Sena, na Pont-Neuf (enfeitada em 1985 pelo artista Christo), nas aleias do Luxembourg ou do Parc Montsouris, no centro do bairro de Notre-Dame-des-Champs ou do Faubourg Saint-Antoine... Paris conservou os traços de sua história, e aquele que passeia por esses lugares, o eterno desocupado, consege vê-los muito bem. A capital continua grávida de seu passado...

> Apenas imagine essa cidade universal, em que cada passo sobre uma ponte ou em uma praça nos recorda um grande passado no qual em cada esquina se representou um fragmento da história... (Goethe)

BIBLIOGRAFIA

A partir de 1970, as obras agrupadas na coleção Nouvelle Histoire de Paris abordam os grandes períodos da história da cidade. Constituem instrumentos indispensáveis para qualquer estudo mais aprofundado da capital. A última a ser publicada (1998) é um livro escrito por Jean Bastié e René Pillorget, *Paris de 1914 a 1940*.

Estudos gerais

CHADYCH, Danielle e Leborgne, Dominique. *Atlas de Paris. Évolution d'un paysage urbain*. Ed. Parigramme, 1999.

FAVIER, Jean. *Paris. Deux mille ans d'histoire*. Ed. Fayard, 1997.

FIERRO, Alfred. *Histoire et dictionnaire de Paris*. Ed. Robert Lafont, série "Bouquins", 1996.

GAILLARD, Marc. *Paris de place en place. Guide historique*. Ed. Martelle, 1997.

HAZAN, Éric. *L'invention de Paris. Il n'y a pas de pas perdus*. Éditions Le Seuil, 2002.

LE CLÈRE, Marcel (editor). *Paris de la Préhistoire à nos jours*. Ed. Bordessoules, 1985.

ROULEAU, Bernard. *Paris: Histoire d'un espace*. Éditions Le Seuil, 1997.

Estudos particulares

HORNE, Alistair. *Seven Ages of Paris. Portrait of a City*. Pan Books, 2002.

AMBROISE-RENDU. *Paris-Chirac. Prestige d'une ville, ambition d'un homme*. Plon, 1987.

AUDIAT, Pierre. *Paris pendant la guerre*. Hachette, 1946.

BANCQUART, Marie-Claire. *Paris "Belle Époque" par ses écrivains*. Ed. Adam Biro, 1997.

BARROUX, Robert. *Paris des origines à nos jours*. Ed. Payot, 1951.

BENJAMIN, Walter. *Paris, capitale du XIXe.: Le livre des passages*. Paris, 1997.

BERNARD, J.-P.-A. *Le goût de Paris*. Le Mercure de France, 2004.

COMBEAU, Yvan e NIVET, Philippe. *Histoire politique de Paris au XXe. siècle. Une histoire locale et nationale*. PUF, 2000.

DANSETTE, Adrian. *Histoire de la libération de Paris*. Paris, 1949.

DES CARS, Jean e PINON, Pierre. *Paris-Haussmann*, edição do Pavillon de l'Arsenal, Picard Éditeur, 1991.

DUBECH, L. e ESPEZEL, T. *Histoire de Paris*. Éditions pittoresques, 1931.

DU CAMP, Maxime. *Paris, ses organes, ses fonctions et sa vie dans la seconde moitié du XIXe. siècle*. Paris, 1869-1875.

DUFRESNE, Claude. *Les révoltes de Paris (1358-1968)*. Ed. Bartillat, 1998.

DUVAL, Paul-Marie. *Paris antique des origines au IIIe. siècle*, Paris, 1961.

DRUON, Maurice. *Paris de César a Saint-Louis*. Ed. Hachette, 1964.

GAILLARD, Jeanne, Paris, la ville (1852-1870). L'Harmattan, 1998.

GRAVIER, Jean-François. *Paris et le désert français*. Le Portulan, 1947.

HAUSER, Elizabeth. *Paris au jour le jour*. Ed. de Minuit, 1968.

HÉRON DE VILLEFOSSE, René. *Histoire de Paris*. Union bibliophile, 1950.

LANOUX, Armand. *Paris, 1925*. Robert Delpire Éditeur, 1957.

LOYER, François. *Paris, XIXe. siécle. L'immeuble et la rue*. Hazan, 1994.

MARCHAND, Bernard. *Paris, Histoire d'une ville, XIXe.-XXe. siècles*. Éditions Le Seuil, 1993.

PROCHASSON, Christophe. *Paris 1900. Essai d'histoire culturelle*. Calmann-Lévy, 1999.

WILHEM, Jacques. *La vie quotidienne des Parisiens au temps du Roi-Soleil, 1600-1715*. Hachette, 1997.

WILHEM, Jacques. *Paris, présent et avenir d'une capitale*. Colóquio dos Cahiers de Civilisation, IPN, 1964.

Também é importante assinalar a publicação de três discos em CD-ROM reunidos sob o título: *30 plans de Paris des Archives Nationales du XVIe. au XIXe*.

As pessoas apaixonadas por Paris não devem esquecer uma releitura das obras de Louis Chevalier (*Les Parisiens*) e de Léon-Paul Fargue (*Le Piéton de Paris*). Também não devem deixar de consultar Le Fonds Le Senne na Biblioteca Nacional da França, que reúne centenas de livros dedicados a todos os aspectos da vida parisiense.

Coleção L&PM POCKET (LANÇAMENTOS MAIS RECENTES)

- 736(12).**Para entender o adolescente** – Dr. Ronald Pagnoncelli
- 737(13).**Desembarcando a tristeza** – Dr. Fernando Lucchese
- 738.**Poirot e o mistério da arca espanhola & outras histórias** – Agatha Christie
- 739.**A última legião** – Valerio Massimo Manfredi
- 740.**As virgens suicidas** – Jeffrey Eugenides
- 741.**Sol nascente** – Michael Crichton
- 742.**Duzentos ladrões** – Dalton Trevisan
- 743.**Os devaneios do caminhante solitário** – Rousseau
- 744.**Garfield, o rei da preguiça (10)** – Jim Davis
- 745.**Os magnatas** – Charles R. Morris
- 746.**Pulp** – Charles Bukowski
- 747.**Enquanto agonizo** – William Faulkner
- 748.**Aline: viciada em sexo (3)** – Adão Iturrusgarai
- 749.**A dama do cachorrinho** – Anton Tchékhov
- 750.**Tito Andrônico** – Shakespeare
- 751.**Antologia poética** – Anna Akhmátova
- 752.**O melhor de Hagar 6** – Dik e Chris Browne
- 753(12).**Michelangelo** – Nadine Sautel
- 754.**Dilbert (4)** – Scott Adams
- 755.**O jardim das cerejeiras** *seguido de* **Tio Vânia** – Tchékhov
- 756.**Geração Beat** – Claudio Willer
- 757.**Santos Dumont** – Alcy Cheuiche
- 758.**Budismo** – Claude B. Levenson
- 759.**Cleópatra** – Christian-Georges Schwentzel
- 760.**Revolução Francesa** – Frédéric Bluche, Stéphane Rials e Jean Tulard
- 761.**A crise de 1929** – Bernard Gazier
- 762.**Sigmund Freud** – Edson Sousa e Paulo Endo
- 763.**Império Romano** – Patrick Le Roux
- 764.**Cruzadas** – Cécile Morrisson
- 765.**O mistério do Trem Azul** – Agatha Christie
- 766.**Os escrúpulos de Maigret** – Simenon
- 767.**Maigret se diverte** – Simenon
- 768.**Senso comum** – Thomas Paine
- 769.**O parque dos dinossauros** – Michael Crichton
- 770.**Trilogia da paixão** – Goethe
- 771.**A simples arte de matar (vol.1)** – R. Chandler
- 772.**A simples arte de matar (vol.2)** – R. Chandler
- 773.**Snoopy: No mundo da lua! (8)** – Charles Schulz
- 774.**Os Quatro Grandes** – Agatha Christie
- 775.**Um brinde de cianureto** – Agatha Christie
- 776.**Súplicas atendidas** – Truman Capote
- 777.**Ainda restam aveleiras** – Simenon
- 778.**Maigret e o ladrão preguiçoso** – Simenon
- 779.**A viúva imortal** – Millôr Fernandes
- 780.**Cabala** – Roland Goetschel
- 781.**Capitalismo** – Claude Jessua
- 782.**Mitologia grega** – Pierre Grimal
- 783.**Economia: 100 palavras-chave** – Jean-Paul Betbèze
- 784.**Marxismo** – Henri Lefebvre
- 785.**Punição para a inocência** – Agatha Christie
- 786.**A extravagância do morto** – Agatha Christie
- 787(13).**Cézanne** – Bernard Fauconnier
- 788.**A identidade Bourne** – Robert Ludlum
- 789.**Da tranquilidade da alma** – Sêneca
- 790.**Um artista da fome** *seguido de* **Na colônia penal e outras histórias** – Kafka
- 791.**Histórias de fantasmas** – Charles Dickens
- 792.**A louca de Maigret** – Simenon
- 793.**O amigo de infância de Maigret** – Simenon
- 794.**O revólver de Maigret** – Simenon
- 795.**A fuga do sr. Monde** – Simenon
- 796.**O Uruguai** – Basílio da Gama
- 797.**A mão misteriosa** – Agatha Christie
- 798.**Testemunha ocular do crime** – Agatha Christie
- 799.**Crepúsculo dos ídolos** – Friedrich Nietzsche
- 800.**Maigret e o negociante de vinhos** – Simenon
- 801.**Maigret e o mendigo** – Simenon
- 802.**O grande golpe** – Dashiell Hammett
- 803.**Humor barra pesada** – Nani
- 804.**Vinho** – Jean-François Gautier
- 805.**Egito Antigo** – Sophie Desplancques
- 806(14).**Baudelaire** – Jean-Baptiste Baronian
- 807.**Caminho da sabedoria, caminho da paz** – Dalai Lama e Felizitas von Schönborn
- 808.**Senhor e servo e outras histórias** – Tolstói
- 809.**Os cadernos de Malte Laurids Brigge** – Rilke
- 810.**Dilbert (5)** – Scott Adams
- 811.**Big Sur** – Jack Kerouac
- 812.**Seguindo a correnteza** – Agatha Christie
- 813.**O álibi** – Sandra Brown
- 814.**Montanha-russa** – Martha Medeiros
- 815.**Coisas da vida** – Martha Medeiros
- 816.**A cantada infalível** *seguido de* **A mulher do centroavante** – David Coimbra
- 817.**Maigret e os crimes do cais** – Simenon
- 818.**Sinal vermelho** – Simenon
- 819.**Snoopy: Pausa para a soneca (9)** – Charles Schulz
- 820.**De pernas pro ar** – Eduardo Galeano
- 821.**Tragédias gregas** – Pascal Thiercy
- 822.**Existencialismo** – Jacques Colette
- 823.**Nietzsche** – Jean Granier
- 824.**Amar ou depender?** – Walter Riso
- 825.**Darmapada: A doutrina budista em versos**
- 826.**J'Accuse...!** – **a verdade em marcha** – Zola
- 827.**Os crimes ABC** – Agatha Christie
- 828.**Um gato entre os pombos** – Agatha Christie
- 829.**Maigret e o sumiço do sr. Charles** – Simenon
- 830.**Maigret e a morte do jogador** – Simenon
- 831.**Dicionário de teatro** – Luiz Paulo Vasconcellos
- 832.**Cartas extraviadas** – Martha Medeiros
- 833.**A longa viagem de prazer** – J. J. Morosoli
- 834.**Receitas fáceis** – J. A. Pinheiro Machado
- 835.(14).**Mais fatos & mitos** – Dr. Fernando Lucchese
- 836.(15).**Boa viagem!** – Dr. Fernando Lucchese
- 837.**Aline: Finalmente mai!!! (4)** – Adão Iturrusgarai
- 838.**Mônica tem uma novidade!** – Mauricio de Sousa
- 839.**Cebolinha em apuros!** – Mauricio de Sousa
- 840.**Sócios no crime** – Agatha Christie
- 841.**Bocas do tempo** – Eduardo Galeano
- 842.**Orgulho e preconceito** – Jane Austen
- 843.**Impressionismo** – Dominique Lobstein
- 844.**Escrita chinesa** – Viviane Alleton

845. **Paris: uma história** – Yvan Combeau
846(15). **Van Gogh** – David Haziot
847. **Maigret e o corpo sem cabeça** – Simenon
848. **Portal do destino** – Agatha Christie
849. **O futuro de uma ilusão** – Freud
850. **O mal-estar na cultura** – Freud
851. **Maigret e o matador** – Simenon
852. **Maigret e o fantasma** – Simenon
853. **Um crime adormecido** – Agatha Christie
854. **Satori em Paris** – Jack Kerouac
855. **Medo e delírio em Las Vegas** – Hunter Thompson
856. **Um negócio fracassado e outros contos de humor** – Tchékhov
857. **Mônica está de férias!** – Mauricio de Sousa
858. **De quem é esse coelho?** – Mauricio de Sousa
859. **O burgomestre de Furnes** – Simenon
860. **O mistério Sittaford** – Agatha Christie
861. **Manhã transfigurada** – Luiz Antonio de Assis Brasil
862. **Alexandre, o Grande** – Pierre Briant
863. **Jesus** – Charles Perrot
864. **Islã** – Paul Balta
865. **Guerra da Secessão** – Farid Ameur
866. **Um rio que vem da Grécia** – Cláudio Moreno
867. **Maigret e os colegas americanos** – Simenon
868. **Assassinato na casa do pastor** – Agatha Christie
869. **Manual do líder** – Napoleão Bonaparte
870(16). **Billie Holiday** – Sylvia Fol
871. **Bidu arrasando!** – Mauricio de Sousa
872. **Desventuras em família** – Mauricio de Sousa
873. **Liberty Bar** – Simenon
874. **E no final a morte** – Agatha Christie
875. **Guia prático do Português correto – vol. 4** – Cláudio Moreno
876. **Dilbert (6)** – Scott Adams
877(17). **Leonardo da Vinci** – Sophie Chauveau
878. **Bella Toscana** – Frances Mayes
879. **A arte da ficção** – David Lodge
880. **Striptiras (4)** – Laerte
881. **Skrotinhos** – Angeli
882. **Depois do funeral** – Agatha Christie
883. **Radicci 7** – Iotti
884. **Walden** – H. D. Thoreau
885. **Lincoln** – Allen C. Guelzo
886. **Primeira Guerra Mundial** – Michael Howard
887. **A linha de sombra** – Joseph Conrad
888. **O amor é um cão dos diabos** – Bukowski
889. **Maigret sai em viagem** – Simenon
890. **Dharma bum: uma vida de Buda** – Jack Kerouac
891(18). **Albert Einstein** – Laurent Seksik
892. **Hell's Angels** – Hunter Thompson
893. **Ausência na primavera** – Agatha Christie
894. **Dilbert (7)** – Scott Adams
895. **Ao sul de lugar nenhum** – Bukowski
896. **Maquiavel** – Quentin Skinner
897. **Sócrates** – C.C.W. Taylor
898. **A casa do canal** – Simenon
899. **O Natal de Poirot** – Agatha Christie
900. **As veias abertas da América Latina** – Eduardo Galeano
901. **Snoopy: Sempre alerta! (10)** – Charles Schulz
902. **Chico Bento: Plantando confusão** – Mauricio de Sousa
903. **Penadinho: Quem é morto sempre aparece** – Mauricio de Sousa
904. **A vida sexual da mulher feia** – Claudia Tajes
905. **100 segredos de liquidificador** – José Antonio Pinheiro Machado
906. **Sexo muito prazer 2** – Laura Meyer da Silva
907. **Os nascimentos** – Eduardo Galeano
908. **As caras e as máscaras** – Eduardo Galeano
909. **O século do vento** – Eduardo Galeano
910. **Poirot perde uma cliente** – Agatha Christie
911. **Cérebro** – Michael O'Shea
912. **O escaravelho de ouro e outras histórias** – Edgar Allan Poe
913. **Piadas para sempre (4)** – Visconde da Casa Verde
914. **100 receitas de massas light** – Helena Tonetto
915(19). **Oscar Wilde** – Daniel Salvatore Schiffer
916. **Uma breve história do mundo** – H. G. Wells
917. **A Casa do Penhasco** – Agatha Christie
918. **Maigret e o finado sr. Gallet** – Simenon
919. **John M. Keynes** – Bernard Gazier
920(20). **Virginia Woolf** – Alexandra Lemasson
921. **Peter e Wendy** *seguido de* **Peter Pan em Kensington Gardens** – J. M. Barrie
922. **Aline: numas de colegial (5)** – Adão Iturrusgarai
923. **Uma dose mortal** – Agatha Christie
924. **Os trabalhos de Hércules** – Agatha Christie
925. **Maigret na escola** – Simenon
926. **Kant** – Roger Scruton
927. **A inocência do Padre Brown** – G.K. Chesterton
928. **Casa Velha** – Machado de Assis
929. **Marcas de nascença** – Nancy Huston
930. **Aulete de bolso**
931. **Hora Zero** – Agatha Christie
932. **Morte na Mesopotâmia** – Agatha Christie
933. **Um crime na Holanda** – Simenon
934. **Nem te conto, João** – Dalton Trevisan
935. **As aventuras de Huckleberry Finn** – Mark Twain
936(21). **Marilyn Monroe** – Anne Plantagenet
937. **China moderna** – Rana Mitter
938. **Dinossauros** – David Norman
939. **Louca por homem** – Claudia Tajes
940. **Amores de alto risco** – Walter Riso
941. **Jogo de damas** – David Coimbra
942. **Filha é filha** – Agatha Christie
943. **M ou N?** – Agatha Christie
944. **Maigret se defende** – Simenon
945. **Bidu: diversão em dobro!** – Mauricio de Sousa
946. **Fogo** – Anaïs Nin
947. **Rum: diário de um jornalista bêbado** – Hunter Thompson
948. **Persuasão** – Jane Austen
949. **Lágrimas na chuva** – Sergio Faraco
950. **Mulheres** – Bukowski
951. **Um pressentimento funesto** – Agatha Christie
952. **Cartas na mesa** – Agatha Christie
953. **Maigret em Vichy** – Simenon
954. **O lobo do mar** – Jack London
955. **Os gatos** – Patricia Highsmith
956. **Jesus** – Christiane Rancé
957. **História da medicina** – William Bynum
958. **O morro dos ventos uivantes** – Emily Brontë
959. **A filosofia na era trágica dos gregos** – Nietzsche
960. **Os treze problemas** – Agatha Christie

IMPRESSÃO:

GRÁFICA EDITORA Pallotti
IMAGEM DE QUALIDADE

Santa Maria - RS - Fone/Fax: (55) 3220.4500
www.pallotti.com.br